Sebastian Lehmann, Volker Surmann (Hrsg.)

lost in gentrification

sebastian lehmann | volker surmann (hrsg.)

lost in gentrification

g r o ß s t a d t g e s c h i c h t e n

SATYR
VERLAG

2. Auflage November 2012

© Satyr Verlag Volker Surmann, Berlin 2012
www.satyr-verlag.de

Cover: V. Surmann
Druck und Bindung: CPI Moravia
Printed in Czech Republic

Die Deutsche Nationalbibliothek verzeichnet diese Publikation in der Deutschen Nationalbibliografie; detaillierte bibliografische Daten sind im Internet abrufbar über: http://dnb.d-nb.de

Die Marke »Satyr Verlag« ist eingetragen auf den Verlagsgründer Peter Maassen.

ISBN: 978-3-9814891-6-3

inhalt

vorwort

sebastian lehmann, volker surmann

>> *It's all part of the process*<<
(*Morcheeba*)

Scarlett Johanssons Blick schweift über die Hochhäuser To-
kios. Sie sitzt alleine am Fenster ihres minimalistisch eingerichteten Hotelzimmers und weiß nicht so recht, was sie nun
mit der Zeit in dieser riesigen Stadt anfangen soll. Überall
blinken bunte Bildschirme, Menschenmassen drängeln sich
in den U-Bahnen, sie versteht die Sprache nicht. Charlotte, so
heißt Johanssons Figur im Film, fühlt sich verloren, überfor-
dert. Zum Glück kommt dann irgendwann Bill Murray, der in
Japan ganz ähnliche Übersetzungsprobleme hat. *Lost in Trans-
lation* hieß Sofia Coppolas wunderbarer Film von 2003.

Wir haben uns für diese Anthologie den Namen geliehen,
ein wenig modifiziert natürlich. Denn auch in deutschen Städten kann man verloren gehen, allerdings auf ganz andere Weise als Charlotte in Tokio: Ein Prozess, der in den letzten Jahren
verstärkt in Europa ankommt, »gentrification« genannt – oder
eingedeutscht »Gentrifizierung« – ist der Grund, warum sich
manche Bewohner in ihrer Stadt oft verloren und überfor-
dert fühlen. Der Begriff hat es aus den Studierzimmern der
Stadtsoziologen hinein in die Städte geschafft, und zwar bis an
die Stammtische, unabhängig davon, wo diese Stammtische

gerade stehen, ob in der Eckkneipe *Zum goldenen Süffel* oder der autonomen Kellerbar *Kellerbar*. Allerdings verlieren sich diese oft ebenfalls in der Übersetzung des Begriffs, die inhaltliche Kenntnis erschöpft sich allzu oft in einem diffusen: »Die Schwaben, die Hipster, die Touris und generell alle, die noch nicht so lange hier sind wie ich, sind daran schuld, dass die Stadt sich nicht so entwickelt, wie ich es gerne hätte.« Tilman Birr hat uns mit dieser vermeintlichen Essenz großstädtischer Hybris beglückt, und wir haben sogar mit dem Gedanken gespielt, unser Buch so zu nennen, wollten es aber nicht im Querformat herausbringen.

»Alle raus!«, war ein weiterer heißer Titelaspirant. Denn das rufen sie alle: die Eingeborenen zu den Hipstern, die Hausbesetzer zu den Touristen und der neue Hauseigentümer schlussendlich zu allen, die nicht freiwillig fliehen. Die Fronten sind unübersichtlich, aber verhärtet wie frisch abgebundener Beton. Wir denken, es ist dringend an der Zeit, den erbittert geführten Diskussionen um die rasante Aufwertung von Stadtteilen eine satirisch-humoristische Sichtweise an die Seite zu stellen. Und die Autorinnen und Autoren dieses Buches sind schließlich auch so etwas wie Experten für das Thema, oft genug wohnen sie in den sogenannten Künstlervierteln der Stadt, also im Zentrum der Gentrifizierungsumwälzungen, – diese Umbrüche spiegeln sich also auch in ihren Geschichten und Gedichten wider. Sie alle – wir alle – sind »part of the process« – und wahrscheinlich ist sogar dieses Buch Teil des Prozesses.

Am Ende möchten wir uns als Herausgeber noch bei all jenen entschuldigen, die die Gentrifizierung nicht gerade als eines der vordringlichen Probleme der Gesellschaft ansehen und eine so ausführliche Beschäftigung mit dem Thema eher mit »Langweilig!«-Rufen quittieren. Das können sie natürlich, dieses Buch einfach weglegen, aber dann würden sie nach einer thematischen Einleitung, sechsunddreißig zumeist sehr komische Geschichten verpassen, die sich auf sechsunddreißig unterschiedliche Weisen einmal quer durch das Schlachtfeld der Gentrifizierung kämpfen.

Und wer trotzdem meint, das ist alles großstädtische Nabelschau, der hat natürlich vollkommen recht. Der Städter beschäftigt sich eben gerne mit sich selbst und seiner unmittelbaren Umgebung. Das war wohl schon immer so. Jedenfalls hat der Philosoph, Vater der Soziologie und Urberliner Georg Simmel schon 1903 in einem Aufsatz über »Die Großstädte und das Geistesleben« geschrieben: »Es gibt vielleicht keine seelische Erscheinung, die so unbedingt der Großstadt vorbehalten wäre, wie die Blasiertheit.«

Dem wollen wir nichts hinzufügen, außer dieses Buch.

Berlin, Sommer 2012

einleitung:
we built this city, we built this city on rock'n'roll

sebastian lehmann

1

Ein Freund von mir, natürlich zugezogen aus dem Süden der Republik, eröffnete vor einiger Zeit ein Atelier-Galerie-Dings in einem alten Kohlegeschäft auf der Neuköllner Reuterstraße. Bis dahin säumten diesen Teil der Reuterstraße eher Altberliner Eckkneipen, türkische Kulturvereine und Dönerimbisse. Nun suchte mein Freund einen Namen für seine neue Kunst-Location, irgendjemand schlug »Gentrification« vor. Wir lachten alle, stießen mit unseren Augustiner-Flaschen an und fühlten uns nur ein klein wenig schlecht.

Berlin-Neukölln ist ja gerade der Boombezirk der Bohemians und natürlich auch zahlreicher äußerst gut gekleideter Touristen und Teilzeitberliner, die tags vor den niedlichen Cafés sitzen und Lemon Aid, das neue Biolimo-Supergetränk, schlürfen und nachts durch die Bars und halblegalen Clubs ziehen, die Club-Mate-Flasche aufgefüllt mit dem Berliner Hipster-Wodka Held. Selbst auf den Reiseführern steht es jetzt vorne drauf: »In-Viertel Neukölln.«

Szenenwechsel – das heißt: Wechsel des Ortes, aber auch Wechsel der *Szene*. Vor dem Pfefferberg im Prenzlauer Berg stehen ein paar smarte Herren in Anzügen, rauchen Zigaretten und flanieren dann wieder in das Restaurant nebenan. Hinten ist noch ein Hostel, und in die Kellerbar gelangt man durch eine automatische Glasschiebetür, wie in einem Supermarkt. Wahrscheinlich wegen der Energieeffizienz. Der Steinfließboden ist feucht gewischt. Ich muss an meine Heimatstadt Freiburg denken. Da sieht es überall so aus. West-Deutschland. Heile Welt.

Ich kann mich an eine Party erinnern, vor Jahren, das muss auch hier gewesen sein. Damals gab es aber noch keine Schiebetüren. Irgendwo stand nur eine unscheinbare, zugetaggte Tür offen, die in einen riesigen Keller führte, in dem laute Technomusik wummerte. Schweiß tropfte von der Decke. So jedenfalls meine durchaus romantisierende und lückenhafte Erinnerung. Aber egal, wichtig ist nur: Ich war ziemlich jung und ziemlich fasziniert von diesem krassen Berlin. Yeah!

An dieser Anekdote lassen sich schön die wichtigsten Probleme ausmachen, wenn sich unsereins (also eigentlich meine ich nur mich, aber wahrscheinlich trifft das auch auf einige Autoren dieser Anthologie zu) mit Gentrifizierung beschäftigt:

1. Ich komme nicht aus Berlin. Ich wollte nach Berlin, weil ich mit neunzehn dachte, Berlin ist cool. (Ist es ja auch.)

2. Ich bin die Gentrifizierung. Ich mache im weitesten Sinne Kunst, wenn man Lustige-Geschichten-Vorlesen dazuzählt. Aber noch schlimmer: Ich bin auch Veranstalter. Von Poetry Slams und Lesebühnen. In Kreuzberg.

3. Ich bin nicht der Leidtragende der Gentrifizierung. Jedenfalls nicht in erster Linie. Ich wurde nicht verdrängt und vertrieben, wie sozial schwächere Bewohner in Berlin-Mitte oder Hamburg-Altona. Klar ist, dass die Aufwertung am Pfefferberg schon angefangen hat, als die Subkultur dort noch Sternburg trank. Die hässliche Fratze der Gentrifizierung zeigt sich aber erst jetzt in Form dieser unfassbar furchtbaren neuen Nutzung.

2

Aber noch einmal einen Schritt zurück. Was ist überhaupt Gentrifizierung? Jeder hat da ja eine ziemlich konkrete Vorstellung, und in medialen und kneipalen Diskussionen fallen immer wieder ähnliche Schlagwörter: zugezogene Schwaben, Touristen, Hipster, Clubs, Bionade, Röhrenjeans, die kreative Klasse, Aufwertung, Verdrängung, Reiche, Baby-Yoga, Starbucks, Autos abfackeln, Galerien, Latte Macchiato, steigende Mieten, Investoren, Fickt euch ins Knie. Und natürlich noch viele mehr.

Aber auch Profis befassen sich mit dem Thema[1], nicht alle kommen über diese Allgemeinplätze hinaus, aber drei kluge Professoren haben es in einem schmucken Suhrkamp-Bändchen zur »Stadtpolitik« kurz und bündig so zusammengefasst: »Mit Gentrification wird die bauliche Aufwertung eines Quartiers mit nachfolgenden sozialen Veränderungen bezeichnet, die in der Verdrängung einer statusniedrigen sozialen Schicht durch eine höhere resultieren.«[2]

In der in Deutschland noch jungen Gentrifizierungsforschung werden verschiedene Gentrification-Zyklen unterschieden, die wir alle aus unserer Großstadt kennen (falls wir denn in einer wohnen, aber auch kleinere Städte kennen inzwischen diese Phänomene). Die Pionierphase ist eigentlich noch schön: In einem meist ziemlich heruntergekommenen Stadtviertel entstehen plötzlich neue Cafés und illegale Clubs, kleine Galerien und Ateliers, es gibt die eine oder andere Hausbesetzung. »Eine räumliche Konzentration von Menschen [...], die als konkrete Personen in hohem Maß mit kulturellem Kapital ausge-

---

1 Der Begriff »Gentrification« kommt übrigens aus dem Englischen vom Wort »gentry«, deutsch: niedriger Landadel.

2 Hartmut Häußermann, Dieter Läpple, Walter Siebel: *Stadtpolitik*. Frankfurt: Suhrkamp 2008. S. 242.

stattet sind«. So nennt es Andrej Holm in seinem interessanten Büchlein »Wir bleiben alle!«.[3] Nach seiner Untersuchung skizziere ich hier auch die verschiedenen Gentrifizierungsphasen. Wie es weitergeht, ist klar: Das Image des Quartiers ändert sich, plötzlich ist es kein Arbeiterkiez mehr, sondern ein Szenebezirk. Stadtmagazine rufen das nächste große Ding aus, alle wollen dorthin ziehen und – wie Holm ironisch anmerkt – Autoren verlegen ihre Romane und Erzählungen in diese Gebiete. »Das individuelle, personengebundene, kulturelle Kapital hat sich in ortsgebundenes Kapital verwandelt.«[4]

Wenn das hier ein Hollywood-Gangster-Film wäre, dann würden jetzt langsam die Bösewichte aus dem Schatten treten. In der zweiten Phase der Gentrifizierung schleichen sich Investoren und Immobilienhaie in die neuen Szeneviertel und kaufen alles, was sie so bekommen können. Mieten steigen, denn die Bösewichte wollen natürlich Geld verdienen – vor allem, weil sie die Häuser oft nur auf Pump gekauft haben, und das muss erst einmal refinanziert werden. Dabei wird kräftig saniert, da ist ja auch viel zu machen, schließlich sind die Mieten jahrelang nicht umsonst so niedrig gewesen, denn um dieses Viertel hatte sich ja früher niemand geschert. Anders als in Hollywood gibt es kein Happy End: Die früheren, sozial schwächeren Bewohner müssen in der dritten Phase wegen der höheren Mieten wegziehen, und natürlich auch die Künstler und Hipster (die meisten Künstler sind ja nicht gerade reich, fragt da nur mal die Künstlersozialkasse oder die Autorinnen und Autoren dieses Buches), und in die schmucken Eigentumswohnungen ziehen Wohlbetuchtere ein, die so mit ihrem »ökonomischen Kapital« einen »symbolischen Wert« erwerben – eben die coole Wohnung im hippen Bezirk.

---

3 Andrej Holm: *Wir bleiben alle! Gentrifizierung – Städtische Konflikte um Aufwertung und Verdrängung.* Münster: Unrast Verlag 2010. S. 31.
4 ebd. S. 32.

Holms Fazit ist ernüchternd: »Die Kreativität der Pionierphase wandelt sich so im Laufe eines Aufwertungsprozesses in einen käuflichen symbolischen Mehrwert. Gentrification stellt sich aus dieser Perspektive als immobilienwirtschaftlich vermittelte Enteignung des kulturellen Kapitals von (ökonomisch mittel-losen) Künstler/innen durch später zuziehende Reiche dar.«[5]

Das hört sich natürlich hart an (also inhaltlich jetzt, sprach-lich natürlich auch, aber das meine ich nicht), aber gerade in Berlin lassen sich solche Prozesse doch immer wieder be-obachten. »Mediaspree« – also die geplante Bebauung des Spreeufers in Friedrichshain und Kreuzberg mit Bürogebäu-den der sog. Kreativindustrie – ist ein gutes Beispiel. Bevor nicht irgendwelche verrückten Hippies und Künstler sich für den heruntergekommenen Uferbereich interessiert und Strandbars gegründet haben, hat sich auch die Stadt und das Kapital nicht dafür interessiert. Meine Lesebühne fand übri-gens in einer dieser Strandbars, dem *Kiki Blofeld*, ihr erstes Zuhause. Mittlerweile gibt es das *Kiki* nicht mehr.

Ich kann mich noch an einen Beitrag im rbb erinnern, als ein Mediaspree-Vertreter (glaub ich jedenfalls, ist aber auch nicht so wichtig) im *Kiki Blofeld* interviewt wurde. Er stand mit grimmigem Gesichtsausdruck und dunklem Anzug im Sand, die Sonne schien, Kinder tollten um ihn herum, aber er breite-te die Arme aus und rief so etwas wie: »Damit verdient Berlin keinen Cent.«

Die Stadt Berlin vielleicht wirklich nicht so viel. Zahlt ja kei-ner Steuern von diesen bärtigen Hippietypen. Aber ich habe zum Beispiel ein paar Cent verdient. Nicht so viel, denn damals verlangten wir für unsere Lesebühne noch keinen Eintritt und hin und wieder lag im Hut, den wir im Publikum rumgehen ließen, zwischen den 50-Cent-Münzen auch mal etwas würzig

---

5 alle Zitate: ebd. S. 33.

riechendes Gras – aber immerhin. Und irgendwie sind wir ja auch Berlin. Mehr als dieser Typ jedenfalls, seinetwegen kommen nämlich keine tollen Medienunternehmen ans Spreeufer. Die wollen sich ja schließlich auf unser kreatives Potenzial draufsetzen.

3

Aber sind die Künstler, die Hipster, die Alternativen, die plötzlich über einen Arbeiterkiez oder ein Migrantenviertel herfallen und dort rumkünstlern und rumhipstern nicht die Handlanger des bösen Investment-Gangsters? Verdrängen nicht schon die hippen Kreativen die frühere, ärmere Population des Quartiers? Schließlich fängt die Gentrifizierung ja oft genug mit ihnen an, wie wir oben gesehen haben.

Der Hipster hat im Moment keinen besonders guten Ruf, dafür werden ihm jetzt schon ganze Bücher gewidmet. Anfang 2012 kam die deutsche Ausgabe eines Sammelbandes des amerikanischen Publizisten Mark Greif mit dem Titel »Hipster« heraus.[6] Der urbane Trendsetter kommt darin nicht gerade gut weg. Anhand der Entwicklungen im New Yorker In-Bezirk Lower East Side wird er als der Gentrifizierer schlechthin beschrieben: Er vertreibt angestammte Läden, eröffnet dafür Sneaker-Shops und überteuerte Restaurants und sieht obendrein noch peinlich aus mit seiner Trucker-Mütze und der viel zu engen Röhrenjeans. Der Hipster sei auch per se kein Künstler, sondern immer nur Konsument, ist eine der Ansichten, die in dem Buch vertreten werden. Also nicht einmal mehr der Pionierphase der Gentrifizierung zuzurechnen.

---

6 Mark Greif, Kathleen Ross, Dayna Tortorici, Heinrich Geiselberger: *Hipster. Eine transatlantische Diskussion*. Frankfurt: Suhrkamp 2012.

Der Hamburger Schriftsteller Thomas Meinecke sagt in seinem Beitrag, warum der Hipster so unbeliebt ist: »Ein Hipster sollte auch immer ein Schnösel sein«. Wie die Ur-Hipster in Warhols Factory ist er eben »arrogant, unverbindlich, glamourös«.[7] Er muss immer einen Schritt voraus sein, modische und kulturelle Codes vor den »anderen« definieren – und das natürlich auch zur Schau stellen. Und so jemanden finden nicht alle sympathisch. Taugt er aber als Feindbild, als williger Adjutant der Geldgentrifizierer der dritten Phase?

Holm würde »mutwillige Aufwertungsmotive der zuziehenden Künstler_innen« ausschließen, nicht immer aber »Ahnungslosigkeit und Naivität«.[8] Im Umkehrschluss hieße das: Als Kulturschaffender im alternativen Bereich oder Clubbetreiber sollte man sich immer bewusst machen: Ich kann mit meiner Kunst oder womit auch immer Aufwertungsprozesse in Gang setzen, die vielleicht in erster Linie nicht mir schaden, aber doch den Bewohnern des Quartiers, die sich nicht so leicht wehren können. Und hier kommt wieder das Stichwort der Verdrängung ins Spiel. Eine WG von hippen, zugezogenen Studenten hat zwar meistens mehr Finanzmittel zur Verfügung als beispielsweise eine alleinerziehende Mutter oder ein Arbeitsloser und kann so eine höhere Miete aufbringen, d.h. die Studenten sind natürlich im Wettbewerb um eine leere Wohnung im Vorteil. Aber sie verdrängen effektiv nicht die alteingesessenen Bewohner, allerdings bieten sie, wie oben schon ausgeführt, den Nährboden für eine höhere Mietstruktur, die Investoren anzieht. Außerdem verändern sie nachhaltig das Erscheinungsbild eines Stadtteils, was für viele Alteingesessene auch problematisch sein kann. Gentrifizierung des Lebensstils könnte man das nennen.Verdrängung im großen

---

7 Beide Zitate: ebd. S. 174.

8 Beide Zitate: *Wir bleiben alle!*. S. 30.

Stil findet aber erst dann statt, wenn die Investoren günstige Mietwohnungen sanieren und in hochpreisige Eigentumswohnungen umwandeln. Das vertreibt nicht nur sozial schwächere Anwohner, sondern auch die Studenten, Hipster und Künstler. Die Gentrifizierung frisst ihre Kinder.

4

So, jetzt wird es aber noch komplizierter, denn Gentrifizierungsprozesse laufen natürlich nicht immer nach diesem vereinfachten Schema ab. Ein großes Problem der Stadtentwicklung wurde bis jetzt noch gar nicht angesprochen: Die Privatisierung der Öffentlichkeit. Hierbei ist in Deutschland besonders die Lage in Hamburg sehr interessant. Ich möchte mich gleich bei allen Einwohnern der Perle im hohen Norden für das Folgende entschuldigen, hier spricht ein Unwissender, kein Einwohner der Elbmetropole – und so einer kann eigentlich nicht über Hamburg sprechen. Aber zu meiner Ehrenrettung: Ich habe ein Buch gelesen, von einem Hamburger, Christoph Twickel heißt er, und sein Buch »Gentrifidingsbums. Oder: Eine Stadt für alle«.[9] Darin beschreibt er zum einen, wie mit der inzwischen berühmt gewordenen Besetzung des Gängeviertels versucht wurde, anders mit Aufwertung und Gentrifizierung umzugehen. Künstler und Kulturschaffende wandten sich mit einem Manifest an die Öffentlichkeit und stellten klar, sie wollen mit der städtisch geförderten Aufwertung, mit der kreativen Klasse, nichts zu tun haben: »Not In Our Name, Marke Hamburg«.

Seit einigen Jahren betrachten sich Städte wie Hamburg

9 Christoph Twickel: *Gentrifidingsbums. Oder: Eine Stadt für alle*. Hamburg: Edition Nautilus 2010.

plötzlich nämlich nicht mehr als Kommunen, sondern – wie es der neoliberale Mainstream fordert – als Unternehmen. Eine Stadt ist eine Marke geworden, die mit anderen Städten auf der globalisierten Welt im Wettbewerb um Innovation und Kreativität steht. Ja, ja, ich weiß, alles Bullshit-Wörter, aber so reden die halt wirklich. Schuld daran ist der amerikanische Ökonom Richard Florida, der festgestellt hat, dass Städte heutzutage auf die sogenannte kreative Klasse angewiesen sind, er berechnet zum Beispiel den »Boheme Index« oder den »Gay Index«, weil er Homosexuelle für besonders innovativ hält. Das finden Politiker, gerade auch des vermeintlich linken Spektrums, wahnsinnig aufregend. Die denken dann: Die Industrie ist weg, das ganze Geld auch, wir brauchen also jetzt die Intellektuellen, die Kreativen, die Künstler. Die schaffen ein schönes Umfeld, alle halten uns dann für hip, am Ende kommen die großen Unternehmen, weil sie sich auch so einen subkulturellen Anstrich geben wollen und alles wird gut. Vielleicht bauen wir auch noch ein paar große »Landmark«-Projekte, eine Elbphilharmonie zum Beispiel oder ein Riesenrad, das wir total kreativ »Wheel« nennen, damit wir allen zeigen, dass es mit unserer Stadt voll aufwärts geht.

Oft genug werden für diese Strategien Künstler benutzt, wie Twickel am Beispiel der Bergstraße in Altona zeigt. In einem leerstehenden Kaufhaus werden Ausstellungen organisiert, bis mit IKEA endlich ein neuer Mieter gefunden wurde. Und sofort ist für die Politiker klar, dass die Künstler ihre Rolle erfüllt haben und jetzt bitte weggehen sollen. Twickel bringt es auf den Punkt: »Die Kreativstadt mit ihren lebendigen, subkulturellen Szenen ist nur der schöne Schein der Gentrifizierung.« Es geht um etwas ganz anderes, es sollen Bedingungen hergestellt werden für »die Stadt als Verwertungsraum für hochtourigen Massenabsatz«. Und die Realität sieht am Ende ganz anders aus, es ist die »Privatisierung durch globale Franchise-

Gastronomie, Malls, Megastores und andere ›Frequenzbrin-
ger‹, die Straßen und Plätze in Shoppingzonen verwandelt«.[10]

5

Zum Schluss kommen wir noch einmal zu den drei klugen
Suhrkamp-Professoren vom Anfang. Die Frage lautet nämlich: Was kann gegen Gentrifizierungsprozesse, gegen Verdrängung unternommen werden? Die Professoren weisen darauf hin, dass immer die finanzielle Notlage der Kommunen
angeführt wird, wenn es um Rechtfertigungen geht, warum
die postmoderne Stadtentwicklung auf private Investoren angewiesen ist. Aber sie zeigen auch, dass die finanzielle Notlage keine Strafe Gottes ist, sondern eine politische Entschei-
dung, die Kommunen mit zu wenig Geld auszustatten. »Die
marktförmige Organisation der Wohnungsversorgung« ist das
Problem, diese führt nämlich zu »sozialer, kultureller und eth-
nischer Segregation.«[11] Ihr Gewinnstreben kann man den pri-
vaten Investoren nicht einmal vorwerfen, anders wie den Kommunen geht es ihnen eben ausschließlich um Rendite, das ist
ihr Sinn und Zweck. Politische Lenkung von Wohnungsfragen
bleibt also unerlässlich. Eine Stadt muss auch für jene sorgen,
die weniger zum Bruttosozialprodukt beitragen: Arbeitslose,
Migranten, Rentner, Geringverdiener und viele andere. Eine
Stadt darf nicht handeln wie ein renditeorientiertes Unternehmen oder gar ein Hedgefonds.

Aber auch die Künstler und Pioniere sind nicht von ihrer
Verantwortung befreit. Es gilt aufmerksam zu sein, was man
mit seiner kulturellen Aktivität bewirkt. Ebenso sollte nicht

---

10 Ebd. S. 69.
11 *Stadtpolitik*. S. 289.

das Umfeld verleugnet werden, in dem man sich eingerichtet hat. Und man muss nicht in die Parolen der kreativen Stadt mit einstimmen, man muss nicht die ganze Zeit den kapitalistischen Verwertungsinteressen den Mund reden. Not in our name eben.

Ach ja, der Laden von meinem Freund in Neukölln heißt natürlich nicht »Gentrification«, sondern so wie der Kohleladen, der vorher die Räume nutzte. Immerhin irgendwie verbunden mit der Umgebung. Verdrängt hat er übrigens auch niemanden, der Laden stand jahrelang leer. Vielleicht kommt aber in fünf Jahren eine schöne Kaffeehauskette und verdrängt wiederum meinen Freund, wer weiß das schon. Ob er sich das dann einfach so gefallen lässt? Denn man sollte nie vergessen, was die unsägliche Band *Starship* schon in den Achtzigerjahren sang: Wir haben die Stadt selbst aufgebaut. Und zwar auf Rock'n'Roll.

1. gentrification

hier isses nicht anders
als woanders

julius fischer

Wenn in Berlin ein Haus umfällt, dann wissen alle Bescheid, ah ja, da, im Prenzlauer Berg, direkt neben dem Laden mit den Weinbergschneckencroissants, wo Marvin und Constanze ihren Laden haben, eine Mischung aus Boutique und Café, ein Bouticafé, bei dem wir noch froh sein können, dass sie ihn nur »Süßstoff« genannt haben und nicht »CoMa«, wegen Constanze und Marvin.

In Leipzig gibt es solche Läden auch, aber es kennt sie eben keiner.

Leipzig gilt nur einer ausgewählten Gruppe von Studenten und Frührentnern mit akademischem Hintergrund als interessante Adresse.

Ab und zu kommen Nazis vorbei, aber die müssen schon am Hauptbahnhof die Schuhe ausziehen und verlieren damit ihre militärische Ordnung, denn dann offenbart sich die echte rechte Natur, und man kann wohl so viel verraten: Braun ist eine recht seltene Sockenfarbe. Was, wenn die Renee-Freundin am Tag vor der Demo Waschtag hatte und nun nur noch ein paar eingelaufene Diddl-Socken zur Verfügung stehen ...

Wie in Berlin, nur ohne dass davon Notiz genommen wird, ziehen in Leipzig alle paar Jahre Leute von dem einen in den anderen Stadtteil, weil es in ersterem zu teuer geworden ist, in letzterem aber nicht nur die Mieten günstiger sind, sondern auch auf der einen Hauptstraße zwei total schnuckelige Cafés aufgemacht haben, die von den Wohngemeinschaften oben drüber bewirtschaftet werden.

Toll!

Ich bin auch umgezogen, allerdings innerhalb meines Stadtteils, einfach zwei Straßen höher. Das kann man sich trauen, jetzt, wo die Aasgeier der Gentrifizierung weitergezogen sind.

Stadtteile, die als nicht mehr so hip angesehen werden, finde ich sehr hip.

Keine Studenten, kaum Kleinkinder, alles ein bisschen weniger provisorisch.

Vielleicht bin ich aber auch nur ein Snob.

Mir wurde neulich von einem Übernachtungsgast vorgeworfen, ich sei in der gehobenen Mittelschicht angekommen, weil ich ihm zwei unterschiedliche Sorten Käse vorsetzte, die nicht einer »ja!«-Packung »Aufschnitt light« entstammten.

Ich wohne einfach gerne gut, ohne daraus gleich ein Happening zu machen.

Ich bin Freund sanierter Altbauwohnungen, wo man nicht mehr auf halber Treppe dem Nachbarn dabei zuhören muss, wie er mit einer Leidenschaft, die er bei der Lebensplanung manchmal vermissen lässt, seinen Verdauungsapparat derart bemüht, dass ein postmoderner Künstler beim Hören der Audioaufnahmen vor Entzücken in Ohnmacht fallen würde.

Diese Auffassung kann natürlich auch negative Auswüchse haben, Stichwort: repräsentative Neubauten. In Leipzig wurde scheinbar ein wildgewordener, cracksüchtiger Baubürgermeister auf die Innenstadt angesetzt. Wo man hinsieht, Glas und Beton vor den alten Fassaden.

Ich frage mich, wie viele Universitätshauptbauten die Stadt seit dem Bestehen dieser heiligen Institution gesehen hat. Zehn oder zwanzig? Und dann pisst man auf die Tradition und klotzt an die DDR-Struktur ein bißchen Beton dran, baut eine

Kirche nach, die aussieht wie aus Lego, putzt die Flure und nennt das Fortschritt?

Das einzig Positive am Augustusplatz in Leipzig, der vor sogenanntem Fortschritt nur so strotzt, ist der Umstand, dass es dort kein Café gibt, von welchem man Übersicht über den ganzen Platz hätte.

Ich denke, wenn ich Kaiser bin, werde ich als Erstes die Architekten verbieten. Ich bräuchte irgendeinen fadenscheinigen Grund ... – Nö, bräuchte ich nicht, ich wäre ja Kaiser.

An die Stelle der Architekten würden Restaurateure treten, Spitzenkräfte mit Blick fürs Alte. Herrlich wäre das.

Ich bin ja nicht gegen Fortschritt. Fortschritt fetzt. Weiterkommen ist super, immer schön upleveln, die Gesellschaft.

Ich verstehe nur nicht, wie das Gehirn des Menschen sich stetig weiterentwickelt, aber die Augen nicht. Oder der Sinn für das Schöne, Bewahrenswerte.

Eine andere Möglichkeit ist die der Eigeninitiative, sprich, man übergibt alle restaurationswürdigen Gebäude einer Gruppe von Hippies, die ein alternatives Hausprojekt daraus machen.

Dagegen habe ich nichts, mir fehlt nur für so etwas einfach die Zeit, das handwerkliche Geschick und die Ideale. Ich habe selbst Freunde in alternativen Hausprojekten.

Hin und wieder besuche ich sie, sitze im Hinterhof, das Lagerfeuer flackert, alle trinken Wein und diskutieren über Anonymous. Dann denke ich: Wie schön wäre das, hier zu bleiben und mich in eine Ecke zu legen, zusammen mit den Hunden und dem Punker, der vorübergehend keine Bleibe hat. Aber eigentlich bin ich nicht so einer. Ich glaube nicht an den Kommunismus.

Wer seine eigenen Bedürfnisse immer hinter die der Gruppe zurückstellt, der wird mit der Zeit depressiv oder aggressiv. Oder beides.

Ich bin wahrscheinlich ein Opportunist, aber dafür habe ich immerhin keine Dogmen.

Die Freunde wohnen im Leipziger Westen, einer Gegend, in der das einsetzt, was manche Leute mit der Bezeichnung »Gentrifizierung« versehen. Die Straßen sind gepflastert, die Häuser unsaniert, genau der richtige Ort für Künstler, Studenten und andere Menschen, deren Wunsch nach Gestaltung hyperaktive Züge erreicht. Das war so im Süden, das ist jetzt so im Westen und irgendwann, in zehn Jahren, wird es irgendein anderes Gebiet sein, vielleicht Halle.

Das ist der Lauf der Dinge, und wenn mir wieder jemand mit Gentrifizierung kommt, weise ich gerne auf das Spiel *Die Gilde 2* hin. Ich denke, alle Probleme in der Welt können behoben werden, indem man schaut, wie das in Computerspielen läuft. Wenn beispielsweise das Leben der Menschheit von Dämonen mit hundert Affenköpfen bedroht ist, bedarf es nur eines Auserwählten, der seine Skills durch Cheaten in die Höhe schraubt, um zum Schluss den Endgegner zu köpfen. Also mehrmals. Sind ja hundert Affenköpfe.

In der *Gilde 2* jedenfalls geht es darum, in einem Dorf ein Wirtschaftsimperium aufzubauen. Wächst das eigene Imperium, wächst auch das Dorf. Man beginnt als Bauer und bäckt Graubrot. Büke man Kuchen, wäre dieser ein Ladenhüter, da die anderen Dorfbewohner arme Schweine sind, die sich die Dukaten fürs Graubrot mühevoll in ihren eigenen Betrieben (zum Beispiel »Räubernest«) erarbeiten müssen. Steigt die Begütertheit der People, kaufen sie Kuchen wie blöde, als hätte Marie Antoinette ein Thesenpapier an die Dorfkirche gehängt. Und so geht das weiter, später gibt es dann die Optionen »Bio-Brötchen« und »vegane Sachertorte«.

So ist es bei mir auf der Straße auch. Plötzlich, nach einigen Jahren florierender Geschäfte haftet an jedem zweiten Einzelhandel in den umliegenden Blocks ein Zettel mit dem

Hinweis »Wegen Renovierung geschlossen«. Aus dem schäbigen Hähnchengrill mit angeschlossenem Dönerspieß wird ein orientalisches Bistro, aus dem Hippiekeramikladen wird ein Hippiekeramikladen, aber man hat mehr Auswahl und die Duftkerzen wechseln alle drei Tage. Aus dem Büro des Bauingenieurs Dipl. Ing. Herbert Dippel wird die »Bauen by Dippel Inc«.

Ist doch klasse, kann man sich doch mal für die freuen.

Ich meine: Klar, sobald ein BASE-Laden im Erdgeschoss aufmacht, muss man aufpassen.

Da gilt die Devise: Böser Blick vom Morgengrauen bis in die Dämmerung.

Nur reicht das manchmal nicht.

Man muss es irgendwie schaffen, Stadtteile attraktiv zu machen, ohne sie attraktiv zu machen.

Hier einige Vorschläge:

1. Alle Investoren töten. Schwierig! Man bräuchte schon das geheimdienstlerische Potential der Vereinigten Staaten oder

2. eine Atombombe, um sicherzugehen, dass wirklich niemand auf die Idee kommt zu investieren. Sehr sichere, wenn auch mit ein paar kleinen Problemen in der Nachbereitung behaftete Methode.

3. Den Stadtteil abriegeln: Einem kleinen, bekannten gallischen Dorf gleich, da hatte ja auch kein Römer Lust, einen – sagen wir – Pizzaverleih aufzumachen. Man könnte das als Performance aufziehen, alle, die da einziehen, müssten mitmachen, jeder trüge Umlandhosen (vorne Cord, hinten Karo) und Hooligan-Inseln auf dem Kopf und jeder »Fremde« würde angepöbelt werden. Und zum Einkaufen geht's per Assi-Shuttle in die Innenstadt, da ist eh nix mehr zu retten. Das wäre Assi-milation.

4. Nicht via Twitter über Gentrifizierung aufregen, sondern einfach das Handy wegwerfen und in die Uckermark ziehen.

Oder 5., um die Kritik für alle sichtbar zu machen, sollte man sich am Elsterufer eine Lehmhütte bauen und sich Bisamratten und Großstadtkabeljaue direkt von der Angel weg grillen.

Aber es wird nicht lange dauern, bis junge Herren in Cordjackets und Mädchen in viel zu großen, pastellfarbenen Anoraks sich nebenan auf ihre Stoffbeutel setzen und eine Club-Mate trinken. Dann macht ein Atelier auf, in einem hohlen Baum, zur ersten Vernissage kommt jemand und fotografiert das Ganze für Facebook, dann legt auch schon der erste Techno-DJ auf, dann kommen Horden mobiler Biersurrogatverkäufer und Zack, schon hat der erste BASE-Stand aufgemacht.

Dann folgen die Stempel der postmodernen Konsumgesellschaft, die man so kennt: Bäckerkette, H&M, Marktforscher, BubbleTea-Läden, BubbleTea-Kaufhäuser, BubbleTea-Wolkenkratzer, BubbleTea-Freizeitparks.

Man kann davon ausgehen, dass die Megastädte der Zukunft an genau solchen Orten geboren werden. Das ist Fortschritt. Und so schön Fortschritt ist, ich hoffe, ich bin dann irgendwo anders! In der Uckermark zum Beispiel oder in Halle.

kritik der modernen architektur oder: glas brennt nicht – schade.

tobias kunze

Diese Kanten, karatescharf geschnitten. Dieses glamouröse, gläserne, glatte Glitzern. Diese betonungslosen Betonrampen. Diese mondäne Monotonie. Ich frage mich, wer das schön findet. So durchsichtige, mehrstöckige Stahlwürfel mit Glaswänden, die die Ödnis der vorgelagerten Parkplätze reflektieren. Wer bloß findet das erhaben, wenn der Fluss damit zugestellt wird? »Oh, schau mal, wie toll sich das dunkelgrünbraune Brackwasser in den Fenstern spiegelt und mit dem Himmel vermischt!« Hui, wie poetisch, diese freudlos frontal dahingestemmten Blöcke, hingeknallt wie abgeworfene Borgwürfel, mit Oberflächen, wie sie für die Geschäftswelt nur sinnbildlich stehen können: vordergründig durchsichtig, aber innendrin intransparent. Oder: vorne glotzig, hinten fotzig.

Da fällt eine Horde windiger Projektmanager, planierfreudiger Planer, obskurer Baulöwen, imminenter Immobilienspekulanten, angeblicher Architekten, eigentümlicher Grundstückseigner und begeisterter und anderweitig überzeugt wordener Pappkameradpolitiker in ein alternatives Viertel ein. Diese Baumöwen klemmen sich die Brachgelände und nachgenutzten Fabrikruinen – Meins! Meins! – Meins! – und entrollen fallschirmgroße Planungsplakate. Dann strecken die Bauherren die Arme aus wie einst andere unter Adi, entklappen ihre Zeigefinger, Handkanten zerschneiden die Luft wie bei Kung-Fu-Filmen in Zeitlupe und dann heißt es: »Da kommt das hin, hier das, dort das, da drüben entsteht das, so was bauen wir hier und da hinten, na ja, das wär dann so die kleine Stadtteilecke, da dürfen die Eingeborenen, äh, die Anwohner auch ma' eine rauchen!« Yippiee! Und stolzgeschwollen bollern Bauherrenbrüste über Brückenbrüstungen, geldheischerisch schmirgeln sich Handteller heiß. Abriss in großem Stil wird angestrebt, rumorend heulen die Motoren der Knabberbagger auf und hungry vibriert die Maschinenmeute im Nahkampf. In den WGs des Bezirks klirren die aus den umliegenden Clubs geklauten Gläser im Buffet. Unterdessen fressen sich Betonköpfe in den Stadtplan wie Stephen Kings *Langoliers*. Kräne kreisen kranichgleich und krönen kranzartig die Stadt, Nest und Brutstätte der Kräne. Wie die Störche stolzieren, bezirzen und zirkulieren die Gerüste zirkusgleich über den Dachfirsten und picken sich Nistmaterial in ihre Horste, dass man sich fragen muss: »Ei verbibsch, ist hier irgendwo ein Glas aufgegangen?«

Doch dann wundern sich alle, wieso sich vor Ort Widerstand regt. »Wieso wollen die das nicht?«, fragen sich die Verantwortlichen bräsig an der Platte kratzend. »Öhm, wir dachten, die woll'n Arbeitsplätze!«

Dann reden die Verantwortlichen den Widerstand klein, vorneweg die Politiker, die wollen in solch Bauprojekten Visionen, Missionen und Investitionen in die Zukunft erkennen, argumentieren ahnungslos mit angeblicher Aufwertung und Arbeitsplatzschaffung, bis die Köpfe der Zuhörer und der Presse hospitalistisch nicken, »ja – ja – hm – hm–ja–hm–ja, is' recht, hm-hm, nehm ich, kauf ich, wähl ich, will ich!«

Und wenn alles in trockenen Tüchern ist und die letzten angeketteten, von Bullen weich geklopften Protestler abgesägt

und vertrieben sind, wenn die letzten Backsteinbrachen zer-
bröselt und der einsame Lampion einer ehemaligen Strandbar
traurig in Pfützen noch dümpelt, dann prahlen und protzen
sie in der Presse und polieren sich auf Empfängen die Eier
wund, die Investoren, freuen sich, mit was für sterilen Prestige-
gebäuden man wieder renommieren kann, mit Centern und
Lichttürmen und Arcaden und Arenen und ach, guckemalda,
wurde dort sogar extra was Altes an Bausubstanz belassen, es
ist ein Stück Kopfsteinpflaster, aus dem Steinewerfer einst ihre
Munition brachen, integriert wurde es als Reminiszenz, quasi
historische Kultstätte, und es liegt nun völlig verloren neben
einem Parkplatz mit Rampen aus Sichtbeton und diesen kleinen illuminierenden Nachtlichtern, falls es mal spät wird in
der Werbeagentur, weil es immer spät wird in der Werbeagentur, weil O_2 angerufen hat. »Ach, das Telekommunikationsun-
ternehmen?« – »Nee, das Element, du Arsch! Alles Luft, heiße
Luft, aus dem Arsch in den Mund in das Ohr ins Gehirn!«

Apropos später. Wird man einst, wenn man das Wasser nur
noch von den Brücken aus sieht, sagen: »Guck mal, früher saßen wir da am Ufer ...«?

»Jetzt ist da ein Metallzaun mit Pausenpark nur für Mitar-
beiter.«

»Früher stand da die Mauer!«

»Na ja, die war wenigstens niedriger!«

»Und bunter!«

»Ja, ja!«

Ja, ja ... »Ja, ja« heißt: leckt mich am Arsch, ihr Investoren,
die ihr nur lechzend auf die Möglichkeiten wartet, eure Penis-
kompensationen allerorten als Prestigekonstruktionen in
Stahl und Glas gießen lassen zu können. Ihr trampelt durch
Städte, redet heiße Luft, engagiert die fantasielosesten Architekten und wedelt mit schönfrisierten Analysen, welche stets
von handzahm gefütterten Firmen stammen. Nachnutzung

sei zu teuer, Sanierung auch. Zu teuer. Sagt ihr. Sobald euer Gelumpe irgendwelche Auflagen kriegt, haltet ihr die Hand auf wie beleidigte Künstler. Ach was, Architektur sei Kunst. All der geile Glanz, all die geckenhafte Gelecktheit. Zeitgemäßes Bauen, klare Linie und so ... seit den Fünfzigern nichts gelernt? Steht ihr auf das, was ihr da baut? Wer erfreut sich denn bitte an dieser kühnen, unterkühlten Glasästhetik? Steht ihr so auf euer Badezimmer, dass ihr es überall hinmauern lasst? Das sieht doch alles aus wie nach außen gekrempelte Duschbadausstellungen! Und jetzt sagt nicht: »Na, der junge Mann hat doch keine Ahnung von Architektur!« Habe ich auch nicht. ABER ICH HAB AUGEN! Und ich komme aus Hannover, da weiß ich, wo das hinführt! Seid froh, dass Glas nicht brennt!

In Hamburg nehmt ihr mit St. Pauli das größte zusammenhängende urbane Feuchtbiotop auseinander. Legt es trocken mit Gebäuden, die aussehen wie Spielzeugverpackungen, sofern sie irgendwelche Shows beherbergen, oder mit Wolkenkratzern, die eurer Auffassung nach »tanzen« sollen, aber eher in bester deutscher Hüftsteifigkeit unschlüssig dastehen, was einer architektonischen Querschnittslähmung gleichkommt. Die Hafenkrone ist nicht mehr das einstige Backsteindiadem, sondern eine unansehnliche Mischung aus Aquarium und Schießscharte.

In Berlin setzt ihr den partyverwöhnten Stadtteilen eine Hospitalismussymptome auslösende Spaßbremse in Gebäudeform vor, an denen jede Art von Kreativität verpufft wie Wassertropfen in heißen Teflonpfannen, mit Fassaden, die man auf jedes Gewerbegebiet hätte kleben können, ohne dass es irgendjemandem aufgefallen wäre und nennt es in täuschender Absicht »Mediaspree«, um mit dem ersten Namensteil die Hauptarbeitgebersparte Berlins und mit dem zweiten lokale Identifikation vorzutäuschen.

In München zieht ihr entlang der Bahntrasse die grausligsten Kulissen von Eintönigkeit hoch, die sich wie Zeichen-trickfilm-Hintergründe rhythmisch zu wiederholen scheinen und in einer sonst recht prunkvollen Stadt so befremdlich wirken – als hätte man das Lächeln der Mona Lisa durch das Emoticon :/ ersetzt.

In Stuttgart baut ihr nicht nur einen Cyber-Bahnhof, den manche nur deshalb wollten, weil er in Science-Fiction-Wer-befilmchen wie eine Raumschiffandockstation daherkam, son-dern pflastert den frei werdenden Stadtteil darüber mit purer Langeweile aus leeren Plätzen ohne Nutzen, deren Anrainer – hauptsächlich irgendwelche Banken – die noch so kleinsten Moosknospen aus den Ritzen kratzen lassen, damit nirgend-wo auch nur ein Hauch von Leben entsteht, aber noch drei drehbare Holzbänke an den Rand stellen, falls irgendwann, irgendwo, irgendwie eine Person vielleicht mal sitzen und sich die optische Ödnis antun möchte.

Apropos Verbleib: Wer zieht bloß an solchen Orten in die Wohnungen ein? Maine-Coone-Züchter, die ihre sonst tüchtig bräsigen Schnurrhaarträger auf die Loggia entlassen, wenn die Katzenmutanten in einem Anfall von Wildnisrudimenz mal wieder die Vorhänge zu Autositzfüllungen zerfetzen? Oder Zahnärzte, die schon mit der abstrus hässlichen Kunst in ih-ren Praxen die Öffentlichkeit ihrem Privatgeschmack ausset-zen? Zeigefreudige Großstadtperverse, die Glasscheiben bis zum Boden für den letzten Schrei halten und sich vor allem derart mit Katalogbildern identifizieren, dass sie ihr hippes Quartier als Terrarium den Blicken der Nachbarschaft zur Verfügung stellen, um selbst zu einer Art lebendiger Katalog-bevölkerung zu werden? Menschen, die vermeintlich aussage-kräftige Brillengestelle tragen, aber aussehen, als hätte ihnen ein verrückter Wissenschaftler eine Kirmes für Frettchen auf die Nase gelötet? Menschen eben, die mit Kubismus nichts ge-mein haben, aber deren Augen quadratisch und deren Köpfe eckig sind, und die deshalb Gebäude, die aussehen wie derangierte Rubikwürfel, total geil finden.

Ihr teilt etwas: eure Unfähigkeit, euch in gewachsene Strukturen einzufügen. Na gut, »wohlfühlen« muss man sich hier nur bedingt. Nur die Karre parken und arbeiten. Arbeiten am Wasser. Warum nicht gleich unter Wasser? Mediaspree und HafenCity versenken! Ihr, mit euren Lofts und Loggias und Autofahrstühlen samt Parkplatz neben dem Weinregal, wollt Stadtteilflair? Gut, ich reibe euch scheiß Schnöselnasen jeden Tag drei Kilo Hundekot in den Wohnzimmerteppich! Ihr mit eurer klinisch saubergekärcherten Welt, die ihr den Großstadtdreck am liebsten im Museum betrachten würdet: »O, guck mal, so haben die hier mal gewohnt! So mit Scherben und Kotze und allem!«

»Ja, voll eklig, guck mal, da ist Urin! Ui, wie primitiv!«

Was heißt hier »primitiv«? Ihr, die ganze Städte zu Flughäfen runtersterilisieren wollt. Wie viele Möbel habt ihr zu Hause? Drei? Und wie viele sind davon aus Plastik? Vier? Ihr Kopfspastis! Durch euch werden Städte gesichtslos und austauschbar! Lieber arm dran als Gesicht wech! Wenn ich einen von euch in die Finger kriege, will ich ihn packen und schütteln und anschreien: »NEIN NEIN NEIN NEIN NEIN! Aus! Pfui! Sitz! Das dürfen nicht mal Hunde, die Stadt so vollklötzern!!« Baut euch doch eure eigene Stadt. Ich hab gehört, in der Wüste soll noch was frei sein. Ihr baut doch eh auf Sand. Passt bloß auf. Ich sag nur: Augen auf beim Stadtteilkauf. Glas brennt nicht. Aber es kann schmelzen.

gleich neben der u6 nach tegel west georg wilhelm friedrich hegel. oder: die schwaben und ihre berliner

bov bjerg

Nach dem arabischen Frühling in Tunesien und Ägypten fanden Ende März 2011 auch in Baden-Württemberg freie Wahlen statt. Das Ergebnis: Diktator Mappus gestürzt! Ganz Berlin freute sich mit den Exilschwaben: Können sie bald in ihre Heimat zurück?

Doch die Sympathie verflog bald wieder. Kurz darauf legte ein junger Mann aus Neukölln Feuer in Wohnhäusern in Prenzlauer Berg. Sein Motiv: »Hass auf Schwaben«.

Die Schwaben in Prenzlauer Berg waren entsetzt. In Neukölln, da gab's doch auch Schwaben! Hätte der junge Mann sich das Fahrgeld nicht sparen können?

Die Kritik an der Wohnungspolitik des Berliner Senats, an der Privatisierung von landeseigenen Wohnungen, an der völligen Abschaffung des Sozialen Wohnungsbaus, die Kritik an der Luxussanierung und der Umwandlung von Miet- in Eigentumswohnungen wird also immer fundierter und präziser: »Schwaben raus!«, »Schwaben verpisst euch!«, und nicht zuletzt das berühmte, analytisch knappe »Tötet Schwaben!«.

Höchste Zeit, einen ausführlichen Essay zu dem Thema zu schreiben.

Was ist ein Essay? Ein Essay ist, wenn man etwas erlebt hat, oder wenn man von etwas gehört hat, was einer von einem erzählt bekommmen hat, der was erlebt hat, und wenn man das dann aufschreibt. Man schreibt es auf und wickelt beim Aufschreiben eine Theorie drumrum. Die Theorie ist wichtig, besonders wichtig ist aber das Aufschreiben, weil: wenn man es nicht aufschreibt, nennt man den Essay nicht Essay, sondern Stammtisch.

Ein bekannter Essay ist zum Beispiel das Buch von Thilo Sarrazin, »Deutschland schafft sich ab«. Auch so ein leeres Politikerversprechen.

Der Verlag hat inzwischen mitgeteilt, »Deutschland schafft sich ab« sei »das meistverkaufte Sachbuch seit 1945«. Hm. Da scheut wohl einer den direkten Vergleich.

Jedenfalls, mein Essay heißt: »Berliner und Schwaben«.

Abstract: Berliner und Schwaben – man darf sie nicht miteinander kreuzen, denn sonst bekommt man Großmaultaschen.

Bis 1990 waren Schwaben die zweitgrößte Minderheit Berlins, gleich nach den Türken. Seit der Wiedervereinigung besteht die größte Minderheit Berlins aus Ostberlinern. Der Prozess ihrer Anpassung an das großstädtische Leben verläuft schleppend und führt regelmäßig zu Unmut unter den alteingesessenen Türken, Schwaben und Westberlinern.

Exkurs:

In Prenzlauer Berg kursiert eine mythische Zahl: In den letzten zwanzig Jahren seien achtzig Prozent der Bevölkerung »verdrängt« worden!

Diese achtzig Prozent sind merkwürdigerweise seit circa zehn Jahren konstant. Ethnologen vermuten, es handele sich um eine Heilige Zahl. Es ist tabu, sie zu verändern, zu verringern oder zu erhöhen, und wer es trotzdem tut, wird in einer Dachgeschosswohnung am Kollwitzplatz wiedergeboren.

In den letzten zwanzig Jahren achtzig Prozent verdrängt. Schlimm. Welcher Schrecken wird die Menschen überkommen, wenn sie erst einmal erfassen, dass in den letzten hundert Jahren sage und schreibe hundert Prozent der Bevölkerung verdrängt worden sind? Ja, man muss es so hart sagen: Von denen, die 1910 in Prenzlauer Berg lebten, ist praktisch keiner mehr übrig! Wo sind sie hin? Keine Panik – die meisten sind ins Grüne gezogen.

Ende des Exkurses.

Jeder klagt über Gentrifizierung. Dass die Häuser alle saniert werden. Dass die Mieten jetzt so hoch sind. Am lautesten jammert, wer selbst am meisten dazu beigetragen hat.

»Mieter vor Wild-West schützen!« plakatiert im Wahlkampf DIE LINKE – eine Partei, die in Berlin zehn Jahre lang an der Regierung war und alles getan hat, Zigtausende von landeseigenen Wohnungen irgendwelchen Investmentfonds zum Fraß vorzuwerfen und die Verwandlung von Wohnraum in Ware bloß nicht zu behindern.

Ach, Linkspartei. Fidel Castro zum Geburtstag gratulieren, aber eine Wohnungspolitik wie von Batista.

Der Lokalpatriotismus will wie der große Patriotismus eines Sarrazin, dass alles bleibt, wie es ist. Wer zuerst da war, ist im Recht!

Jeder will, dass die Straße exakt so bleibt, wie er sie zuerst gesehen hat. Egal, ob das vor zwei, vor fünf oder vor zwanzig Jahren war. Die kleine Graugans schlüpft, sieht eine Bruchbude und hält sie bis zum Ende ihres Lebens für die Mama.

My Kiez is my castle.

In Flugblättern wird gegen »Vertreibung« gewettert, als ob Erika Steinbach persönlich die Schriftleitung übernommen hätte, und von der NPD abgekupferte Slogans wünschen Schwaben und anderen Eindringlingen »Gute Heimfahrt«.

Aber woher kommt nun dieser Hass ausgerechnet auf die Schwaben?

Es ist wegen dem Essen. Raffinesse und Distinktionsvermögen der Berliner Kochkunst gipfeln in einer einzigen Frage: »Mit Darm oder ohne?«

Erbspüree ißt der Berliner für sein Leben gern. Überhaupt ist Matsch die präferierte Zubereitungsweise: Erbsenmatsch, Kartoffelmatsch, Grünkohlmatsch, Rotkohlmatsch. Matsch mit Salz.

Das Grundrezept ist so einfach wie schmackhaft: Beliebige Zutat grob schreddern und mit der gleichen Menge Salz zwei bis drei Wochen zugedeckt köcheln lassen. Am Wochenende das Umrühren nicht vergessen!

Die Zunge des Berliners unterscheidet die Geschmäcker »heiß« und »kalt«. Zur differenzierten Würdigung der indigenen Küche genügt das vollauf.

Da ist es nur zu verständlich, dass die Konfrontation mit der überlegenen Kultur des deutschen Südwestens Neid erzeugt, Frustration, ohnmächtige Wut und schließlich Hass. Der Hass geht durch den Magen.

Das soll nicht heißen, dass der Berliner sich überhaupt nicht um die Verfeinerung seiner kulinarischen Sitten bemüht. Damit täte man ihm wirklich unrecht. Folgendes Rezept etwa wird in Berliner Familien seit Langem sorgfältig gehütet und von Generation zu Generation weitergetragen – und ganz zart schlägt das Rezept ein kleines Brücklein der Versöhnung zu den Schwaben:

»Hausgemachte Berliner Maultaschen (2 Pers.):

1 Dose Ravioli 10 min. im Wasserbad erwärmen – fertig!«

wie mal etwas überhaupt nichts zu bedeuten hatte

ahne

Es gibt sicher viele Sachen, die man an der Gentrifizierung kritisieren kann. Es gibt aber auch schickere Autos, größere Sonnenbrillen, ganzere Häuser. Es gibt farbenfrohere Obst- und Gemüsesorten in den Auslagen der Geschäfte zu bestaunen. Die Kinder sind nicht so frech, die Frauen schöner und die Männer unbedingt auch. Das Zeug, was vor die Tür gestellt wird, ist oftmals noch voll funktionstüchtig, und man kriegt, wenn man das bei Ebay reinstellt, mehr dafür, als man sonst im ganzen Monat verdienen würde. Die Hundebesitzer sammeln den Kot, den ihre vierbeinigen Prunkstücke aus den Aftern drücken, hinterher liebevoll von der Straße und stopfen ihn in kleine Plastesäckchen, die sie zu Hause, wahrscheinlich in speziellen Containern, aufbewahren, um ihn später zum Recyceln der Hundefutterindustrie wieder zur Verfügung stellen zu können. Nazis treten nicht offen in Erscheinung. Alkoholkranke sieht man nur selten auf der Straße. Kaum einer kotzt mittags in den Hausflur und findet das völlig normal. Du kannst Leute einfach anpflaumen, ohne von ihnen gleich die Fresse vollzubekommen. In jedem Zeitungskiosk werden Presseartikel anderssprachiger Länder offeriert. Die Speisekarten der Imben und Restaurationen sind vielfältiger. Die Kleider edler. Die Chancen, einem Prominenten auf der Straße zu begegnen, deutlich besser. Dasselbe gilt für die Möglichkeit, plötzlich in einem Fernsehsender im Hintergrund zu erscheinen oder von diesem nach einer Meinung zu Ausländerkriminalität, dem Euro-Rettungsschirm oder der Eissorte der Saison befragt zu werden. Es wird in gentrifizierten Bezirken sehr viel weniger aus den Fenstern geschmissen. Auch aus den Fenstern gepinkelt wird seltener. Es wird auch seltener aus den Fenstern gekackt. Ganz, ganz selten nur kommt mal jemand mit dem Vorschlaghammer aus dem Hinterhaus gestürmt und drischt die Heckscheiben irgendwelcher Autos ein, ohne Grund. Die Kinder hören weniger Schimpfwörter auf der Straße. Dummkopf, Arschloch, Wichser, Fotze, Malaka, Schwanzlutscher, Missgeburt oder auch ... Wichser hört man nur ganz selten einmal. Dafür blühen Blumen in den Vorgärten und die Vögelchen singen des Morgens, bis in den späten Abend hinein. Und die Fußballfans verhalten sich anständig. Und die Alten stehen nicht im Weg herum. Wenn überhaupt einmal alte Menschen da sind, dann sind sie nicht als solche zu erkennen. Dann sitzt deren Haut festgetackert am Fleische, bei jedem Wetter straff, der Rücken ist gerade, und nervöse Blicke zur Uhr verraten, dass man sich voll im Stress befindet. Von wegen alt, zum Altsein haben die doch gar keine Zeit. Genauso wie deren Enkel keine Zeit haben, Kind zu sein, weil sie sich nämlich durch Bratschen-, Englisch-, Chinesisch- und Spanischunterricht, Yoga, Pilates und Ballettunterricht, Spielerische Finanzökonomie sowie Tantra für Kids auf kommende Aufgaben vorbereiten müssen, denn schließlich ist es nicht einfach, lässig zu sein und trotzdem so viel Geld zu verdienen, dass man sich das Lässigsein auch leisten kann. In gentrifizierten Bezirken kann man gefahrlos jeden nach der Uhrzeit fragen. Man sollte lediglich wissen, was »Hallo«, »Uhrzeit« und »Handy« auf Englisch heißen. Und das Wetter ist schöner. Und der Bus kommt pünktlich. Und die Bordsteinkanten der Bürgersteige sind abgesenkt. Es gibt irre viele Tempo-30-

Zonen und fast nie liegen gebrauchte Spritzen in den Sand-kästen der Kinderspielplätze herum. In den Schulklassen ist noch vernünftiger Unterricht möglich. Der Dönermann ver-wendet ausschließlich Bio-Masse, und wenn sie könnten, wür-den wahrscheinlich selbst Ratten und Tauben hier die Grünen wählen.

Der Gründe viele, die Gentrifizierung zu begrüßen. Was dagegen spricht, ist natürlich die andere Seite der Medaille, die ich mir hier aber mal schenke, schließlich wohne ich sel-ber in einem gentrifizierten Bezirk und »muss« da auch noch 'ne Weile wohnen bleiben. Dass dieses »muss« hier in Anfüh-rungsstriche gesetzt ist, hat übrigens überhaupt nichts zu be-deuten. In echt jetzt!

ihr kriegt uns hier nicht raus!

dan richter

Die Mülltonnen unseres Wohnblocks wurden immer über ein leerstehendes Nachbargrundstück abgeholt. Ein ödes Grundstück, wären da nicht die zwölf Pappeln, die einem die Illusion von Naturnähe spendeten. Seit zwei Monaten darf die Müllabfuhr dieses Gelände nicht mehr befahren, und die Mülltonnen werden durch unser Haus gebollert, so wie fast überall in Berlin. Schade um unseren Morgenschlaf. Aber was heißt das für das öde Grundstück? Für die Naturnähe-Illusion? Soll hier gebaut werden? Aber was? Da müsste man ja schon die Pappeln fällen. Dürfen die das? Vorsicht! Ich hole aus zum Exkurs:

In Alt-Treptow atmet man schon mal auf, wenn in der Ödnis von Nagelstudio, Gräue, Netto und Schlecker kleine Sprenkelchen des guten Geschmacks auftauchen. Ein Kollege schrieb vor ein paar Jahren, dass sich hier kein Laden halten könne, nicht mal ein Bestatter. Man kann den Betreibern eines geschmackvoll eingerichteten Cafés oder Plattenladens regelrecht zuschauen, wie sie Monat für Monat die Kondition verlässt, wie sie, Ertrinkenden gleich, ein letztes Mal wild mit den Beinen strampeln und dann untergehen. Die Wohnhäuser sind solide in dem Sinne, dass sie DDR-Konservatismus verströmen. Und doch scheint sich in den letzten ein bis zwei Jahren etwas geändert zu haben.

Eigentlich hätte ich es wissen sollen. Ich bin die Vorhut des Booms. Das war in den Neunzigern schon einmal so. Ich war vermutlich der erste Student im Friedrichshain. Vorher hatte man hier von so etwas allenfalls gehört. Als ich mich 1997 exmatrikulierte, machten es mir alle nach. Selbst mein unnachahmliches Outfit »Billig-aber-trotzdem-hässlich« kopierten sie tausendfach. Es gab keinen Copy-Shop und keinen Kleintierpsychologen. Bis 1998 gab es in meiner unmittelbaren Nachbarschaft auch zwei Friseurläden, wo man sich für zwanzig Mark schnell mal die Mähne kürzen lassen konnte. Wegen ihrer mangelnden Anpassungsfähigkeit schlossen sie. Vier Jahre keine Friseure. Dann in fast genau denselben Läden zwei neue Coiffeurs, aber hier schnipp-schnappt die Schere im Takt zum Drum'n'Bass, es kostet zehn Euro, und man hat schon ein schlechtes Gewissen, wenn man die Haare nicht selber wegfegt.

In einem Radius von zehn Minuten Laufweite gab es Mitte der Neunziger kaum eine Kneipe, kaum ein Café, in dem ich mich guten Gewissens mit einer Frau hätte verabreden können. Ein biederes Eiscafé oder *Juhnkes Eck* – das wäre die Wahl gewesen, wenn man von der ost-alternativen *tagung* absah. An einem heißen Sommertag 1994 saß ich mit einem Freund in der Eckkneipe *Gleis 13*, und fragte den Wirt, ob wir einen Tisch nach draußen stellen könnten. Er glotzte mich an, als hätte ich einen Cappuccino bestellt. Die Angestellten des nun an seiner Stelle befindlichen *Via Nova* wundern sich auf ähnliche Art, wenn man im Sommer nicht draußen sitzt. Zwischen 1994 und 1996 beobachtete ich fünf vergebliche Versuche, in der Simon-Dach-Straße ein Café zu eröffnen. Alle mussten mangels Kundschaft schließen.

Doch 1997 tat sich etwas. In der Simon-Dach-Straße hatte das erste Café nicht nur einen Versuch gestartet, sondern diesen Versuch sogar überlebt. Von da an verdoppelte sich die

Cafédichte im Jahrestakt. Ein kleiner, aber feiner Buchladen eröffnete in der Wühlischstraße. In den Second-Hand-Läden hing nicht mehr nur Ramsch, den man bei Humana nicht feilzubieten wagte. Eine Öko-Coop entstand, die später dem Druck mehrerer Bioläden ausgesetzt war. Häuser wurden saniert – manche sanft, die meisten aggressiv.

Als schließlich in der Kopernikusstraße ein Hundefriseur öffnete, wusste man: Die Gegend wird gentrifiziert. Das Haus, in dem ich wohnte, wirkte in der Libauer Straße wie ein Mitesser in einem hübschen Gesicht. Die Erbengemeinschaft konnte sich seit der Wende nicht einigen, und so beließen es die Verwalter beim Allernötigsten. Als ich achtunddreißig wurde, hatte ich schließlich die Nase voll vom Außenklo und zog mit Freundin nach Treptow. Eine putzige Glosse über meinen Umzug endete damals mit der Bemerkung, dass ich in Treptow mitnichten der einzige Schriftsteller sein würde, sondern lediglich der erste. Es scheint sich zu bewahrheiten. Die Biokette LPG hat eine Filiale in der Nähe eröffnet, und der Vollkornbäcker hat weniger Schwierigkeiten, sein Publikum zu halten als jener Imbissladen, in dem der Dönerspieß zehn Tage braucht, bis er – grau vom Zigarettenrauch – runtergebrutzelt ist.

Ich spaziere weiter und bin mir sicher: Die Pappeln werden gefällt. Selbst wenn der Eigentümer dafür nicht die Genehmigung bekommt – die Ordnungsstrafe wird aus der Portokasse bezahlt. Auf dem RAW-Gelände in Friedrichshain geschah dasselbe. Gestern den Öko-Investor spielen, morgen Bäume fällen; wahrscheinlich ohne gravierende Selbstzweifel. Adé Pappeln! Adé Naturnähe-Illusion. Welcome to the next Caipirinha-Bezirk.

Der Boom der Investoren, so ein Flugblatt der Protestierer, nimmt aggressive Züge an. So sei der Obstgarten neben der Neuapostolischen Kirche plattgemacht worden, um dort zu bauen. Ich zähle fünfunddreißig Baumstümpfe. Wer kann was gegen eine Verschönerung haben? Gegen Innenklos? Gegen Vollkornbäcker statt Gammeldöner? Und wann kippt es? Verdrängung ist nicht immer bösartig, fies, gewalttätig, durch dreiste Mieterhöhungen am Rande der Illegalität verursacht. Gentrifizierung und die ihr folgende Segregation funktioniert vor allem dadurch, dass weniger wohlhabenden Zuzugswilligen der Weg in den Bezirk versperrt bleibt.

Bei zwei Brachen nun haben sich ein paar Leute zusammengetan, ihr Gespartes zusammengelegt und bauen nun zwei Häuser – hell und transparent, mit Spielplatz und Wiese. Und doch werden sie bedroht, nicht von den Bullen, sondern von den Anti-Gentrifizierern, die die Häuser mit Farbbeuteln und Steinen angreifen. Ein wenig beneide auch ich die dort wohnenden um ihre schöne Aussicht auf den Kanal. Ich würde wahrscheinlich, wenn ich dort wohnte, einmal täglich das Fenster aufreißen und den Rauchhaus-Song von *Ton Steine Scherben* in voller Lautstärke abspielen:

»Und wir schrei'n's laut:

Ihr kriegt uns hier nicht raus!

Das ist unser Haus!«

gentrifizierung für anfänger

ella carina werner

Deutschland, ein Land im Umbruch: Tausende Stadtviertel werden Opfer der Gentrifizierung. Millionen Alteingesessene verlieren ihre Existenz. Doch langsam regt sich Widerstand.

Es ist bereits die dritte Schließungswelle, die den Hamburger Stadtteil Eimsbüttel überrollt. Um das einstige Arbeiter- und Ausländerviertel steht es schlecht. Fast täglich macht ein Laden dicht. Auch heute. »Räumungsverkauf – alles muss raus!« steht in knalligen Lettern quer über der Eingangstür. Diesmal hat es das *Druckfrisch*, die traditionsreiche Fixerstube erwischt. »Am Ende waren die Fixkosten einfach zu hoch«, seufzt der betrübte Ladeninhaber und tritt gegen die Registrierkasse. Doch was tun, wenn die Stammkundschaft fortzieht?

Der hanseatische Stadtteil ist kein Einzelfall. Ob in Berlin-Prenzlauer Berg, Köln-Ehrenfeld oder Leipzig-Südvorstadt: Überall werden innenstadtnahe Wohnviertel umstrukturiert, restauriert, luxussaniert, arisiert oder kurz gesagt: gentrifiziert. Überall werden statusniedrige Bevölkerungsgruppen durch statushöhere verdrängt: Arme durch Reiche, Farbige durch Hautfarbene, einfache Menschen durch komplizierte und so fort.

Gentrifizierungsprozesse laufen nach typischen Mustern ab. Auch in Eimsbüttel. Bis vor wenigen Jahren war der Stadtteil ein malerisches Arbeiterviertel wie viele andere auch: abgelebte Gründerzeitbauten, Reih an Reih. Putz bröckelte von Hausfassaden. Stuck rieselte von Zimmerdecken. Ein paar Bumslokale mit Kohleöfen. Ein paar Spielhöllen mit schlecht saniertem Stuck. In den Eckkneipen gab's Bier, Korn, Spezi oder ein paar aufs Maul. Die Menschen waren eher einfach verglast: Männer soffen. Frauen tratschten. Tauben balgten auf Balkonen. Kinder kackten von den Dächern. Und die Mieten waren billig wie das Bier.

Doch dann kamen die ersten Eindringlinge: Studenten, Künstler, Wehrdienstverweigerer und andere windige Typen, auf der Suche nach einer billigen Bleibe und etwas Aufmerksamkeit. Sie nannten sich die »Pioniere«. Sie drückten dem Viertel ihren Stempel auf. Sie sorgten mit lila Lavalampen und tragbaren Computern für einigen Wirbel. Sie tranken Spezi ohne Cola, sagten Tschüssi ohne Kowski, und auf ihren Klingelschildern stand nicht »Familie Jessen«, sondern »Seb, Caro, Iggi, Fetzifetz, DJ Dödel & Band«. Sie eröffneten bizarre Geschäfte: Waschsalon und Bar in einem, Dessousladen und Frittenbude, Kita und Schlachterei.

Und dann, plötzlich, kamen sie alle: Bürger, Banker, Besserverdiener, die nicht mehr wie die Maden im Speckgürtel hausen wollten und die Altmieter verdrängten. Wohin, weiß keiner so genau. Hinweise liefern lediglich ein paar messingfarbene »Stolpersteine«, eingelassen in die Gehwege vor den Hauseingängen. »Hier wohnte Günther ›Korni‹ Petersen, geb. 1949. Gedemütigt – vertrieben«, oder Ähnliches steht in winzigen Buchstaben darauf.

Neue Leute, neue Läden

Und heute? Heute ist mit Eimsbüttel nicht mehr viel los. In den Mülltonnen verwaisen die Pfandflaschen. Im Park randaliert ein unterbeschäftigter Peacekeeper. Zwei Spielhöllen mussten bereits schließen. Im *Mösengeschrei* bleibt die Kundschaft aus. Der inhabergeführte Familienbetrieb steht kurz vor der Pleite.

»Wir haben den Laden längst aufgegeben«, gesteht auch der Direktor der örtlichen Hauptschule. Auf dem Schulhof steht die Insolvenzmasse ratlos herum. Auch in der Babyklappe herrscht Flaute. Die Nachfrage ist nicht das Problem. Fast stündlich sieht man eine gepflegte Endvierzigerin gegen die Scheibe hämmern. Doch es mangelt an Angebot. Selbst um den Ein-Euro-Laden steht es schlecht. Als Grund nennt der Geschäftsführer die wirtschaftliche Situation: »Die Menschen haben hier immer mehr in der Tasche«, ächzt er.

Wer hier als Händler überleben will, muss sich auf die neue Klientel einstellen. So wie Rita G., Kioskinhaberin in der dreiundzwanzigsten Generation. Sie hat kurzerhand ihr Sortiment umgestellt: Mehrlagiges Klopapier und Ritalin-Drops für die Kleinen gehen weg wie warme Semmeln. Im Fachgeschäft für Arbeitskleidung baumeln jetzt Richterroben, Doktorhüte, Dirigentenstöcke und Escort-Strings in gedeckten Farben. Auch Ali, der Lebensmittelhändler, hat die Zeichen der Zeit verstanden: Statt türkischer Grobkost vertreibt er jetzt deutsche Feinkost. »Man muss flexibel sein, sich anpassen«, weiß auch Fiete Paulsen. Der einst gefeierte Arbeiterdichter hat auf Bürgerliche Trauerspiele umgeschult.

Flexibel sein – das weiß auch Rotraud F. Dreißig Jahre stand sie hinterm Tresen des legendären *Prollmops*. Bis sich die Pforten schlossen. Seitdem sieht man das Eimsbüttler Urgestein mürrisch durch die Gassen schlurfen: mit blonden Zöpfen, rosa Lippgloss, den üppigen Busen unter einer raffinierten Wickelbluse kaschiert. Heute ist sie Trudy, dass Au-pair-girl. »Als Ungelernte givt dat hier heut keen anners Arbeit«, knurrt sie mit rauchiger Stimme.

Die Gentrifizierung zieht in Deutschland immer weitere Kreise. Inzwischen sieht auch die Politik nicht mehr tatenlos zu. Erst kürzlich hat Olaf Scholz ein Carloft in Hamburg-Ottensen erstanden, Ronald Pofalla hat sich in Berlin-Kreuzberg eine Maisonette unter die abgeknabberten Nägel gerissen. Auch im Bundestag ist das Phänomen Gegenstand hitziger Debatten. »Wer arbeitet, muss besser wohnen als derjenige, der nicht arbeitet!«, befeuert Guido Westerwelle die Diskussion. Und legt, seinem abgewählten Idol Sarkozy nacheifernd, nach: »Was Deutschlands Städte wirklich brauchen: ein paar Hochdruckreiniger mit integriertem Gesindelfräser!«

Da die Alteingesessenen von der Politik nur wenig Unterstützung erhalten, bleibt ihnen nur, sich selbst zu helfen. In immer mehr Stadtvierteln formiert sich der Widerstand. »Go home, young urban Popelfresser!« oder »Der Fuchs ist schlau und stellt sich dumm – beim LOHA ist es andersrum!«, machen Graffitis auf frisch getünchten Hausfassaden ihrem Unmut Luft. Auch in Eimsbüttel treibt der zivile Ungehorsam immer tollere Blüten. Dort macht der »Geheimbund der Stadtteilvertriebenen« mit radikalen Aktionen auf sich aufmerksam, um die Zuziehenden zu vergraulen: Aktivisten deponieren Scherzartikel-Scheißhaufen und »Kotzie«, die Kunststoffkotze, vor den schmiedeeisernen Toren der Gründerzeitvillen sowie vor den Kitas einäugige Zigeunerkinder, die mit DIE LINKE-Fähnchen wedeln.

Es tut sich was, vor allem in der Hauptstadt. Nach Angaben des Berliner Senats brannten dort von 2007 bis 2009 über tausend Kinderwagen der Trendmarke Bugaboo. Im Multikulti-Viertel Kreuzberg kommt es immer häufiger zu blutigen Zusammenstößen zwischen Alteingesessenen und der radikalen Hausbesitzerszene. »Der Kampf um die Straße hat gerade erst begonnen! «, ruft eine vermummte Burkaträgerin und ballt die Hand zur Faust.

Doch es gibt auch Gegenbeispiele, Exempel des friedlichen Miteinanders. Was passiert, wenn alle Beteiligten an einem Strang ziehen, zeigt mustergültig die Entwicklung des sympathischen Geisterstädtchens Halle an der Saale. Dank raffinierter Stadtteilpolitik und gezielter Abwertung mittels frisch renovierter Betonwüsten, kolossaler Einkaufszentren und verrotteter Plattenbauten konnte dort der Gentrifizierungsprozess bislang erfolgreich aufgehalten werden.

»pssst ..., nicht so laut!«

martin »gotti« gottschild

Bürger seid wachsam: Ein Gespenst geht um im Prenzlauer Berg! Kein gewöhnliches Bettlakengespenst, das »Buh!« schreit, um Leute zu erschrecken, nein, ein Gespenst, das still und heimlich einen Club nach dem anderen verputzt, nur um ihn wenig später fast unverdaut in Kreuzberg wieder auszuscheiden.

»Gentrifizierung« nennen es die einen. Die letzten zwölf Urberliner, die mittlerweile in einem Reservat unter einer alten Steintischtennisplatte in Lichtenberg vor sich hin vegetieren, sprechen jedoch nur ehrfürchtig vom »Nichts«, das schon bald ganz Phantásien verschlingen wird. Der *Knaack-Club*, der *Magnet-Club*, das *Icon*, das *NBI*, der *Klub der Republik* sind ihm bereits zum Opfer gefallen. Und der *Schokoladen* stand auch lange Zeit auf seinem Speiseplan.

Wie dumm und kurzsichtig muss dieses »Nichts« wohl sein, kennt es etwa nicht die alte Indianerweisheit:

> *»Erst wenn der letzte Club geschlossen,*
> *der letzte Nachtschwärmer vergiftet,*
> *der letzte rumänische Akkordeonspieler gefangen ist,*
> *werdet ihr feststellen, dass man in Hostels und Eigentumswohnungen um vier Uhr morgens keine Reste mehr ficken, geschweige denn Eulen schießen kann.«*

Der Prenzlauer Berg, früher eine Hochburg ungestümer Heiter-
keit und Sodomie, ist mittlerweile zu einem Ort der Besinnung
geworden. Wer genug vom Lärm der Großstadt hat, wem im
Wald aber einfach zu viele Bäume vor der Latüchte stehen, der
kommt hierher und kauft sich eine Wohnung mit mehr Blick
auf weniger los. Immer mehr Mönche verlassen ihre Klöster
und suchen Zuflucht in der Stille dieses heimeligen Bezirks.

Bis auf die schwere Berliner Luft gibt's hier schließlich nichts
mehr, was irgendwie die Sinne belästigt.

Obwohl der Prenzlauer Berg angeblich der kinderreichste Bezirk Europas ist, sieht man hier schon lange kein Rudel Knirpse
mehr, mit Stöcken, Fußbällen oder Springseilen bestückt,
schreiend durch die Gegend flitzen. Im Prenzlauer Berg wird
nicht getobt, nein, selbst die Kinder flanieren hier mit Händen
auf dem Rücken in Dreiergrüppchen nebeneinander her und
unterhalten sich in Zimmerlautstärke über die Vor- und Nach-
teile der Einführung des Wahlrechts ab zehn Jahren.

Und schon ab 18 Uhr teilen die Restaurants mit Außen-
bereich nur noch Plastebesteck, Gummiteller und weich ge-
kochte Pommes Frites an ihre hungrige Kundschaft aus, um
den Geräuschpegel beim Zerkleinern der Nahrung so gering
wie möglich zu halten. Spanische und französische Gäste, die
während eines angeregten Gesprächs vor Euphorie ja gerne
mal lautstärketechnisch über die Stränge schlagen, werden
augenblicklich mit chloroformgetränkten Filzlaken abgehan-
gen. Den Helmholtzplatz darf man ab 22 Uhr nur noch mit
Filzpantoffeln besichtigen. Und selbst die Pöbelpunks vorm
Kaiser's sind angehalten, ihre umwerfenden Obszönitäten nur
noch flüsternd an den Mann zu bringen.

Das Einzige, was hier noch Geräusche machen darf, ist das
Rascheln beim Geldzählen und junge Mütter, die ihre Säug-
linge gleich nach der Taufe, beim späten Brunch, öffentlich
zur Brust lassen. Da lässt sich ein leichtes Schmatzgeräusch

nunmal leider nicht vermeiden. Aber ansonsten »Pssssssst! Nicht so laut, da kriegt man ja Kopfschmerzen von!«.

Dieser unbändige Wunsch nach Ruhe wäre mehr als verständlich, wenn der Prenzlauer Berg ausschließlich von bettlägerigen Geronten bewohnt wäre, die schon seit Tagen auf das helle Licht zugehen. Aber nein, es sind kerngesunde, junge Menschen zwischen dreißig und vierzig Jahren, die nachts die Polizei rufen, weil vorm Club gegenüber gerade mal wieder jemand so unverschämt kräftig in seine mit quietschendem Käse und unverschämt knackigem Salat gefüllte Halloumitasche gebissen hat.

»Pssssst! Nicht so laut.«

Menschen ziehen in die Hauptstadt, um Ruhe vor anderen Menschen zu haben. Eine Idee, auf die man erst mal kommen muss.

Viele Neuberliner Wohnungseigentümer fallen ja bereits ohnmächtig in sich zusammen, wenn aus einer der anderen Türen in ihrem Treppenhaus plötzlich auch mal ein Mensch herauskommt. Davon hätte der Makler doch mal was sagen müssen! Schließlich sind sie bisher davon ausgegangen, es handele sich bei diesen »Türen« nur um aufgemalte Zierpforten zur optischen Erquickung, um ihnen den beschwerlichen Weg in die prunkvolle Dachgeschosswohnung so kurzweilig wie möglich zu gestalten. Und überhaupt: Was sind das eigentlich für unappetitlich aussehende, dicke Schmetterlinge, die da den ganzen Tag kreischend im Hof rumflattern? Wie bitte? Spatzen? Können die mal bitte woanders hingehen?! Ich meine, wir sind doch hier nicht im Zoo. Und wer ist der Typ, der mir da ständig die Haare verwurschtelt, sobald ich aus der Haustür trete? Wie bitte? Der Wind? Der gehört an die Wand gestellt! Und wer ist der Typ, der mir mit seinem ständigen Genöle den ganzen Tag versaut? Wie bitte, das bin ich selber?

»Pssssst! Nicht so laut!«

aktuelle urteile
zum lärmschutz

leo fischer

Was Lärm ist und was nicht, hängt nicht notwendigerweise von der Schallintensität ab. Mit Erfolg klagte deshalb eine Frau aus Aschaffenburg gegen ihren Vermieter, der in der Nachbarwohnung einen zweiunddreißigjährigen Systemadministrator hatte einziehen lassen. Dieser war Cosplayer, Mitglied der Piratenpartei und fünf Tonnen schwer. Den täglichen Anblick des Geschöpfs werteten die Richter als besonders schweren Augenlärm und außerordentlichen Kündigungsgrund. Die Mieterin müsse das Risiko, einen Sehsturz oder einen optischen Tinnitus zu erleiden, nicht hinnehmen.

*

Gerade in Altbauten kommt es immer wieder zu diesem Phänomen: Rätselhafte, echogleiche Stimmen, die scheinbar aus der eigenen Wohnung kommen. Die Fachwelt spricht dabei von sogenannten Gedanken. Sie können auftreten, wenn der Mieter mit Außenreizen oder Ereignissen konfrontiert wird. Der Mieter muss Gedanken in der Wohnung aber nicht dulden, wenn er zuvor keine hatte, so das Amtsgericht Offenbach. Leichte Gedanken berechtigen zu zehn Prozent Mietminderung, besonders schwere Gedanken zu Wahnsinn und Amoklauf.

*

Nach Obdachlosen und Cracknutten sind spielende Kinder auf der Straße Ärgernis Nummer eins für leidgeprüfte Mieter. Neueren Studien zufolge stammen die meisten dieser Kinder aus Osteuropa. Von kriminellen Banden nach Deutschland geschleust, werden sie hier zum Spielen auf die Straße geschickt, um die Grundstückspreise zu senken und unsere Lebensqualität zu ruinieren. Der Notwehrparagraf gilt jedoch auch hier, urteilte der Kassationsgerichtshof Duisburg. Demnach kann ein Mieter das lauteste Kind einer Gruppe mitnehmen und bei sich zu Hause so lange verprügeln, bis die anderen leise sind. Die Eltern müssen die Arztkosten aus eigener Tasche zahlen und ggf. ein neues, stilleres Kind zeugen.

*

Ohrenbetäubendes Vogelgezwitscher brachte einen Familienvater aus Alpirsbach nach und nach um den Verstand. Als der Verstand komplett aufgebraucht war, zog der Mann vor das Landgericht Karlsruhe. Das urteilte salomonisch: Es reiche nicht aus, dass der Vermieter ein sogenanntes Etagenschrotgewehr anschaffe, die Anschaffungskosten aber auf die Mieter umlege. Vielmehr seien es die Vögel, die er umzulegen habe. Die zwitschervergrämenden Schrotsalven müssen dabei lärmneutral abgefeuert und die Kugeln wieder eingesammelt werden, und zwar werktags zwischen 10 und 12 Uhr, heute jedoch nicht.

*

Durch den Ton seines eigenen Herzschlags gestört fühlte sich ein Mieter aus Hamburg. Beim Einzug habe ihm der Vermieter verschwiegen, dass die extreme Ruhe der Nachbarschaft die

Geräusche der eigenen Vitalfunktionen stark akzentuiere. Das Landgericht Hamburg gab dem Mieter recht; der Vermieter muss nun die Herzextraktion bezahlen und zwei Jahre in Haft.

*

Schimmel in der Wohnung strapaziert nicht nur die Atemwege, sondern auch das Trommelfell. Singschimmel, Paukenschwämme und Schwatzsporen können ein gemütlich versifftes Badezimmer in einen Ort des Grauens verwandeln, in dem keine normale Unterhaltung mehr möglich ist. Der Vermieter ist zunächst in der Pflicht, beruhigend auf den Schimmel einzusprechen oder ihn mit einem Fernseher abzulenken. Notfalls muss er das Badezimmer komplett entfernen und in einer nahe gelegenen Bäderwelt renaturieren.

*

Erleichterung für Fluglärmopfer! Ein Urteil des Amtsgerichts Frankfurt berechtigt die Betroffenen zu monatelanger Medienpräsenz, rührseligen Homestorys und unwürdigem Geflenne vor laufender Kamera – direkter Ausdruck der grundgesetzlich geschützten Idiotenfreiheit. Wer dumm genug ist, in Flugplatznähe ein Haus zu kaufen, so der Richter, der darf auch zweimal die Woche schreiend und stark alkoholisiert durchs Terminal wanken und arglosen Fluggästen Flyer voller Rechtschreibfehler in die Jackentasche pfriemeln.

*

Völlige Lärmlosigkeit kann krank machen! Ein Mann aus Bad Abbach hoffte seit Jahren auf einen erlösenden Auspuffknall oder pöbelnde Ausländer, doch die mörderische Idylle zeigte kein Erbarmen. Der ständig wachsende Beschwerdedrang bei völliger Monotonie des Alltagslebens führte zu einem permanenten Frustrationserlebnis, das schließlich in einem lebensbedrohlichen Boreout-Syndrom endete. Der Mieter arbeitet nun als Tontechniker für Christiane Rösinger und hat endlich Grund zu klagen; der Vermieter muss sich zur Strafe alle Auftritte ansehen.

neocollognia
(da simmer dabei, dat is prima)

frank klötgen

Du Fritte im Gourmet-Verdauen
Du »Gib die Handy, sonst verhauen!«
Du G-Rap-Deppen-Resterampe
Du Speckgurt einer Dönerwampe
Von Billigshops durchsetzte Pampe
Mit alles Mütter, außer Schlampe
Da simmer dabei, dat is Prima-tenniveau
Doch alles nur Tarnung, hey, alles nur Show!
Wir lümmeln uns im Off so gerne
Mit offensivster Bildungsferne
Dass keine Zitty-Tip(p)sen schreiben
»Trendkiez Neukölln – die komm'n, um zu bleiben.«
Fürs Parabolier-Paradies
Schein'n selbst Studenten sich zu fies
So'n Sonn'nallee-Flat – na, das will doch keiner?
Mein So'n, Allah schuf auch den Mediendesigner!

Keine Grenzallee stoppt Galeristen
Trotz Allahgien sich einzunisten
Und wer vermiest den Werbe-Miezen
Ihr Siedeln in den Sudelkiezen?
Die fallen via Kreuzberg ein
Als besserzahl'nde Mietpartei'n

Spür wie der Mond ins Ghetto kracht
Wenn John uns hier Ristretto macht!

Zwischen Volcan und Volkern, zwischen Alis und Marlies
Un' selbs' die Tourischte han letztens ers' da gwis
»Na, sag ma', von wo kommscht denn du her, mein Schatz?«
»Was fragst du komm' ich her, Mann? Platz!
Ej, ich bin noch alte Assi-Garde!«

Die werd'n jetzt selten.
Jammerschade.

50 thesen zur gentrifizierung

volker surmann

1. Mit der Gentrifizierung ist es wie mit der Menstruation (frei nach o.b.): Stadtteile bluten, wir nehmen sie da auf, wo sie passiert, und sie ist eine Geschichte voller Missverständnisse. Zum Beispiel:

2. Ein Latte Macchiato ist ein Kaffeemischgetränk aus viel heißer Milch und einem Schuss Espresso. Ein Latte Macchiato ist keine Gentrifizierung.

3. Club-Mate ist auch keine Gentrifizierung.

4. Wieso ist eigentlich noch niemand auf Fritz-Kola gekommen? Die ist aber auch keine Gentrifizierung.

5. Hostels sind praktische Einrichtungen, wenn man reist und nicht viel Geld hat. Ein Hostel ist noch keine Gentrifizierung.

6. Wenn das Hostel zwischen zwei Hostels steht und der Dönermann seinen Laden in »Lounge« umbenennt und seinen Keller in »Klub« mit »K«, wo lauter dünne Menschen mit dünnen Beinchen und hellen Stoffbeuteln Englisch oder Spanisch sprechen und italienische Milchschaumgetränke konsumieren und dabei in ihre iPads irgendwas zu Projekten über irgendwas mit Medien oder irgendwas mit Menschen oder irgendwas mit Medienmenschen tippen, dann ist das keine Gentrifizierung, sondern das Klischee davon.

7. Oder Nordneukölln.

8. Vielleicht ist Nordneukölln gar keine Gentrifizierung, sondern schon längst die Parodie darauf.

9. Ein Hipster ist ein ... jemand ... etwas ... der/die/das schwer zu beschreiben ist, aber in der Regel mit irgendwie komischen Hosen und V-Ausschnitt. Ein Hipster macht noch keine Gentrifizierung.

10. Wenn Horden überwiegend gleich gekleideter, vorwiegend junger Leute, die nächtens grölend durch einen alternativen Stadtteil ziehen, Gentrifizierung sind, dann ist auch jede autonome 1.-Mai-Demo Gentrifizierung.

11. Aber dieser tätowierte Typ mit der komischen Frisur und den Blechregalen in seiner Bude und der Umpfz-Musik aus den Boxen, der gerade jetzt, an einem Dienstagmittag um 12.16 Uhr, aufgestanden ist und mit nacktem Oberkörper am offenen Fenster seiner Friedrichshainer Einzimmerwohnung raucht; der ist doch sicher Gentrifizierung. Oder mindestens Electro-DJ.

12. Nicht jede Sanierung ist Gentrifizierung.

13. Wenn man Häuser saniert, halten sie länger (unbequeme Wahrheit).

14. Nicht jede Mieterhöhung ist Gentrifizierung.

15. Außenklos und Ofenheizungen sind nicht cool.

16. Alternative Wohnformen funktionieren auch mit Zentralheizung.

17. Es ist okay, wenn Baulücken geschlossen werden (wirklich).

18. Ein Hostel, das in eine Baulücke gesetzt wird, ist besser als ein Hostel, das in ein Mietshaus gesetzt wird.

19. Nicht jeder Vermieter, der ein Haus saniert und die Mieten drastisch erhöht, ist Gentrifizierer. Er kann auch einfach so ein Arschloch sein.

20. Wenn viele solcher Arschlöcher damit durchkommen, dann ist das schon eher Gentrifizierung.

21. Eigentum verpflichtet. Leider nicht zu Anstand.

22. »Gentrifizierung« taugt nicht als Schimpfwort. Es ist ein deskriptiver Begriff.

23. Gentrifizierung taugt auch nicht als Totschlagargument.

24. »Künstler« ist kein Schimpfwort.

25. »Student« ist keine Beleidigung.

26. »Tourist« und »Hipster« ebenfalls nicht.

27. Schwaben sind auch Menschen (klingt komisch, ist aber so).

28. In Berlin gibt es mindestens genauso viele Westfalen wie Schwaben. Sie fallen nicht so auf und haben sich besser angepasst. Im Grunde sind sie also viel schlimmer.

29. Dass in Berlin noch keine westfälischen Imbisse angezündet wurden, hängt nur damit zusammen, dass es solche nicht gibt.

30. Gleichwohl gefällt mir die Vorstellung, das in Nordneukölln demnächst ein *Pumpernickel-Express* aufmacht.

31. Was ist das eigentlich für ein altbackener, urdeutscher Volksgruppenbegriff, mit dem mancher Linke da arbeitet?

32. Einmal Schwabe, immer Schwabe. Deutsches Blut und deutscher Boden. Berlin gehört nur denjenigen, die hier geboren sind oder in Kreuzberg schon mal einen Stein geworfen haben. Alles dieselbe Scheiße.

33. Menschen allein aufgrund ihrer regionalen Herkunft abzuurteilen oder zu verfolgen, ist Rassismus.

34. Wenn in den Achtzigern ein Neunzehnjähriger aus Oldenburg nach Westberlin zog, um der Einberufung zu entgehen, war das cool. Wenn heute ein Neunzehnjähriger aus Pforzheim nach Berlin zieht, um endlich offen schwul zu leben, ist das Gentrifizierung.

35. *Natürlich* ist das Bullshit!

36. Großstädte sind fast immer Zuwanderungsstädte.

37. Vielleicht ist das beste Mittel gegen den Hass auf Schwaben, sie einfach als innerdeutsche Asylbewerber zu betrachten.

38. Ganz ehrlich: Ich lebe lieber in Berlin unter Schwaben als in Schwaben unter Schwaben.

39. Ich lebe auch lieber in Berlin unter Schwaben als in Berlin unter Berlinern.

40. Kinder sind nicht per se schlimm.

41. Selbst wenn sie von Schwaben gezeugt und als Berliner geboren wurden.

42. Wenn ein hipper Independent-Sender »Eisern Union« promotet, ist das nicht auch irgendwie eine künstlich erzwungene Aufwertung – und damit Gentrifizierung?

43. Wenn ein paar Medienstudenten den SV Babelsberg 09 zum neuen FC Sankt Pauli umwidmen wollen, ist das dann Gentrifizierung oder bloß völlig bescheuert?

44. Wenn Künstler und/oder Freaks leerstehende Geschäftsräume anmieten und irgendwas mit Medien entfalten oder zur Not sogar sich selbst, ist das unter Umständen Gentrifizierung. Aber ist es deshalb auch gleich schlimm?

45. Nicht jede Veränderung ist Gentrifizierung.

46. Neue Läden dürfen öffnen und alte dürfen schließen. Das war schon immer so, nicht erst seit der Gentrifizierung.

47. Dass neue Läden anders aussehen als alte Läden, kann damit zusammenhängen, dass die neuen Läden eben neu sind und alte Läden eben alt. Das ist keine Gentrifizierung.

48. Wenn die Eröffnung unzähliger gleich aussehender Ladenlokale auf engstem Raum Gentrifizierung ist, dann ist jedes »Casino« an der Weddinger Müllerstraße Gentrifizierung.

49. Ist die Aufwertung eines Kiezes, der zuvor jahrelang abgewertet wurde, eigentlich auch Gentrifizierung?

50. Die hässliche Fratze des Kapitalismus ist nicht das Gesicht der Gentrifizierung. Das sind zwei verschiedene Fressen. Schön sind sie beide nicht, aber sie geben ein hübsches Gruppenbild ab.

2. in

der weg zur bahn

tilman birr

Ich ziehe die Wohnungstür hinter mir zu. Aus der Einzimmerwohnung nebenan scheppert und dumpft es wieder, denn dort wohnt ein Herr, der eigentlich weniger »Herr« und mehr »Typ« ist, und dieser Typ stellte sich mir einst vor mit den Worten: »Ich bin Electro-DJ.«

Armer Typ, dachte ich da. Elektronisches Geumpfe hat sich ja schon in alle Lebensbereiche gefressen, so wie die Treue zum Geliebten Führer in Nordkorea oder der Nationalismus in einem Land, das mit »-stan« aufhört, und jetzt sogar in meinen Nachbarn. Klassische Wochenendfrage eines beliebigen Bekannten: »Kommst du heute Abend mit nach Kreuzberg/Friedrichshain/in so ein stillgelegtes Heizkraftwerk in Köpenick? Da ist Eröffnung von einem Projektraum/die Insolvenzeröffnung meiner Galerie/ein Poetry Slam zum Thema innovative Nachhaltigkeit/eine Bewährungsanhörung/ein guatemaltekisches Kurzfilm- und Ausdruckstanzfestival, und danach legt noch ein Electro-DJ auf.«

Nirgends kann man hingehen, ohne befürchten zu müssen, dass danach noch ein Electro-DJ auflegt. In Kneipen, an Currywurstbuden, ja selbst im Park ist man davor nicht sicher. Auf der Friedrichshainer Modersohnbrücke stehen abends zweihundert Leute und trinken Bier und damit das nicht zu entspannt ist, macht es aus einer Anlage Umpfz Umpfz.

Die Herren tragen ein Feinrippunterhemd und einen schmalkrempigen Hut, der aussieht, als hätten sie ihn selbst aus dem Jackett eines Fernsehkommissars der Achtzigerjahre genäht, und geben sich Mühe, schlechtes Deutsch zu sprechen, obwohl sie aus Pirmasens oder Oberhausen kommen.

Ein vorbeilaufender Mittdreißiger in kurzen Hosen, mit Tennissocken in Sandalen, einem karierten Hemd, Oberlippenbart und Schiebermütze wird sofort von einem Mädchen mit Fliegenaugensonnenbrille angemacht, weil sie seinen Aufzug »total stylish« findet, bis sie merkt, dass er das alles nicht als ironisches Zitat trägt, sondern dass er es ernst meint, denn er ist Gesamtschullehrer aus Bad Salzuflen, und jetzt hat er sich verlaufen.

Hinzu kommt: Electro ist gefährlich. Wenn endlich alle Gehirnströme gleichgeumpft wurden, hüpfen die Elettricacci auf der Hängebrücke im Takt, die Brücke gibt Knarzgeräusche von sich, und wenn sie zusammenbricht und eine Handvoll Stylegänger unter sich begräbt, sind wir beim nächsten Trend: kollektiven Unfalltod sterben. Dann kommen die Freunde der verunglückten Electrofreaks und machen aus dem Unfall das, was ihnen am besten gefällt: ein Event. Stundenlang liegen sie einander vor der kaputten Brücke in den Armen, legen Blumen ab, stellen Kuscheltiere, Teelichter und Bilder auf und was auf gar keinen Fall fehlen darf, ist das Pappschild mit der roten Aufschrift »Warum?«. Ja, warum wohl, Alter! Weil auf einer Hängebrücke zweihundert Leute im Takt gesprungen sind. Darum! Und das passiert beim Electrohören!

Und wenn jetzt einer kommt und sagt: »Das ist ja geschmacklos«, kann ich nur antworten: Jaja. Geschmack, Geschmack. Aber auf den Karneval der Kulturen gehen, das geht, was? Der Karneval der Kulturen ist nämlich die geschmackloseste Veranstaltung, die es in Berlin gibt. Auf Lkws werden in sicherem Abstand tanzende Menschen aus fernen Ländern zur Belustigung des einheimischen Volkes vorbeigefahren. Daneben stehen Radioreporter und wiederholen die Phrasen, für die sie bezahlt werden: »Berlin ist eine tolerante Stadt. Berlin ist eine tolerante Stadt. Berlin ist eine tolerante Stadt«, während hinter ihnen jemand ganz tolerant »Schwaben raus!« an die Hauswand sprüht.

Vor der Haustür kommt mir eine Nachbarin entgegen und begrüßt mich mit einem sehr gequälten »Hallo!«. Sie hat mich vor Monaten am Fahrradständer mal nach einer Luftpumpe gefragt, und es schien ihr sehr unangenehm zu sein, einen fremden Mann um Hilfe zu bitten. Ihr Subtext ging ungefähr so: »Ey, nicht dass du da jetzt was denkst, ja? Also, ich hab da 'n Problem, ich bräuchte mal 'ne Luftpumpe. Aber wirklich nur die Luftpumpe. Also, ich will dich hier nicht anmachen oder so, das will ich gleich mal klarstellen. Ich brauche wirklich- wirklichwirklich nur mal kurz 'ne Luftpumpe. Und wenn ich fertiggepumpt habe, will ich, dass du sofort wieder gehst und mich auch nie wieder ansprichst.«

Was ist das für eine grenzenlose Arroganz anzunehmen, dass jeder Mann mit ihr gleich ins Bett will? Hallo! Es gibt auch Männer, die finden dich völlig uninteressant. Schon an der Universität sind mir die Damen auf die Nerven gegangen, die bei jeder Gelegenheit fallen ließen, dass sie vergeben sind.

»Hallo. Ist der Platz hier noch frei?«

»Ja, aber ich hab 'nen Freund.«

Mann, Mädchen, was glaubst du, was passiert, wenn ich mich hier hinsetze? Das ist hier 'n Hörsaal und kein Swinger- club.

Krankheiten der Stadt: Umpfzlärm, Trendtum und vo- rauseilende Unfreundlichkeit. Weil man ja nicht weiß, was die Menschen von einem wollen, ist man besser erst mal ein Arschloch. Freundlich sein kann ich später immer noch.

»Tschuldjung, wie komm ich denn zur Schinkelstraße?«

»Kauf dir 'nen Stadtplan, du Hurensohn!«

Noch fünfzig Meter zur U-Bahnstation. Aber was soll da schon besser werden? Die Stadt macht krank und plemplem.

In der Tordurchfahrt des Plattenbaus steht ein Lonsdalepulloverträger und uriniert in die Ecke. Eine Rentnerin schaut aus dem Fenster und brüllt:

»He, du Bengel! Samma, machste dit zuhause auch?«

»Nee«, brüllt der Urinierer zurück. »Zuhause piss ick grundsätzlich nich, dafür komm ick immer hier her.«

Vor dem Spätverkauf sitzen die üblichen Trinker. Einer springt auf und geht auf mich zu.

»Wat gibtsn da zu kieken, Alta? Bin ick so hübsch, oda wat?«

»Geht so«, will ich sagen, doch da fährt mir ein Fahrradfahrer in die Hacken und ruft: »Passen Sie doch auf! Sehen Sie nicht, dass ich mit dem Kinderanhänger unterwegs bin?« Hinter seinem Fahrrad hängt ein Plastikanhänger mit langem Fähnchen, darin sitzen zwei Kleinkinder, die sich eines Tages sehr für ihren Vater schämen werden. Aus der U-Bahn kommt eine Frau mit zusammengekniffenen Augenbrauen und schreit: »Ich bin die Miriam aus Marzahn. Meine Hobbys sind Rechthaben und Sauersein.« Ein Mann von einer Spendenorganisation mit einem Klemmbrett in der Hand springt mich an und ruft: »Allein in Berlin leben über hundertsechzigtausend Analphabeten. Besonders traurig: Die meisten davon sind Kinder unter sechs Jahren. Spenden Sie jetzt.« Der Lonsdalemann, die Rentnerin und meine Nachbarin tauchen auf. Die Nachbarin kreischt: »Ich hab 'n Freund! Ich hab 'n Freund! Ich hab 'n Freund! Aber deine Luftpumpe nehm ich.«

Plötzlich ist da ein Typ mit zwei großen Koffern und baut zwei Plattenspieler auf. Ich schreie und reiße mich los, stolpere gegen die Rentnerin, sie zerplatzt wie eine Seifenblase. Zurück bleibt ein Häkeldeckchen mit dem eingestickten Satz »Das ist kein Fahrradweg«. Ich muss alle nur leicht antippen,

schon zerplatzen sie. Vom Trinker bleibt eine Sternburgfla-
sche, vom Lonsdalemann ein Landser-Heft, vom Ökovater ein
Erziehungsratgeber mit dem Titel »Ich hätte nie gedacht,
dass Deutschland wirklich so kinderfeindlich ist«.

Alle sind weg. Die Wände hängen voller Fleischfetzen. Der
DJ sagt: »Ey, viel zu leise hier«, und fängt an, Electro aufzule-
gen.

Die Bahn kommt. Ich steige nicht ein. Es ist Nacht geworden. Müde gehe ich zum Libanesen. Als er mich sieht, fragt er:
»Wie immer?« Ich nicke und er bereitet mir ein Schawarma
zum Mitnehmen. Die Stadt macht krank und plemplem. Aber
sie ist der einzige Ort, an dem man nachts noch etwas zu essen
bekommt.

willkommen im club mate.
die gentrification-trilogie

sebastian lehmann

> »Da wo die Furchen klaffen, der Prunk in Trümmern blüht,
> Da wo man ehrlich ist, da wo man sich belügt;
> In deinen Parks und Seen, in deinen Prachtalleen
> will ich verloren gehen, mit dir zu zweit, hier in Berlin.«
>   (Kante: »Wer hierher kommt, will vor die Tür«)

2009: Kreuzberg 36

»Du spinnst ja«, sagt der Typ in abgewetzter Lederjacke und ironisch buntem T-Shirt auf dem ein Wrestling-Star seiner Jugend abgebildet ist, zieht an seiner selbstgedrehten Zigarette aus Bio-Tabak und fährt durch seinen Fünftagebart. »Du kommst hier nicht rein.«

Ich stehe am Checkpoint Schlesisches Tor und will in den Wrangelkiez rein, aber ich darf nicht. Dabei wohne ich hier. Seit nunmehr zehn Tagen bin ich Einwohner des Kreuzberger Szenebezirks zwischen Wrangelstraße und Spree. Und noch immer habe ich Probleme bei der Einreise. Vor drei Tagen wurde ich sogar im Kontrollraum, der im Club *Watergate* untergebracht ist, festgehalten und musste sechs Stunden lang New-Rave-Bands hören und dabei mit leuchtenden Neonröhrchen herumfuchteln, bis ich endlich nach Hause durfte. Nur weil ich meinen Kreuzberg36-Ausweis vergessen hatte. Jetzt zeige ich dem lässigen Grenzbeamten in Lederjacke aber stolz meinen Ausweis. Er blickt lange darauf, dann wieder mich an und sagt: »So jemand wie du wohnt jetzt also in der Wrangelstraße. Eine Schande für unseren Kiez.«

Ohne mich noch eines Blickes zu würdigen, lässt er mich passieren.

Eine Woche später: Ich habe mir eine Truckermütze gekauft. Ich weiß auch nicht, wie es passiert ist, plötzlich hatte ich die Mütze in der Hand, habe bezahlt und war schon wieder raus aus dem Szeneladen in der Schlesischen Straße. Seit ich hier im Kiez wohne, passieren immer häufiger unerklärliche Dinge in meinem Leben. Zum Beispiel wachsen meine Haare viel schneller und bilden, egal was ich mache, vorne immer einen Seitenscheitel.

Ich entfremde mich zunehmend von Freunden, die nicht hier in Kreuzberg 36 wohnen. Zu einem guten Freund, der kürzlich an den Mehringdamm gezogen ist, musste ich den Kontakt ganz abbrechen. Kreuzberg 61 geht einfach gar nicht.

Fünf Tage später: Ich habe ein iPhone. Plötzlich war es da. Aber das ist nicht das Schlimmste: Mit dem iPhone kamen auch die riesigen, silbernen DJ-Kopfhörer, die ich jetzt immer trage. Außerdem habe ich ein Paar schwarze, ausgelatschte Chucks im Schrank gefunden. Ich bin verzweifelt, habe allerdings immer weniger Probleme bei der Einreise in den Szenebezirk.

Am Abend von einem Altpunk im Görlitzer Park mit Bierflaschen beworfen worden. Fühle mich irgendwie authentisch.

Zwei Tage später: Beschlossen, mein Studium zu schmeißen und ab jetzt irgendwie kreativ zu arbeiten. Am besten in der

Musikbranche. Habe erst mal ein MacBook Air von dem Geld meiner Eltern gekauft.

Den Punk aus dem Görli wieder getroffen und ein Sterni mit ihm getrunken. Daraufhin versucht, mit ihm den einzigen McDonald's in Kreuzberg an der Skalitzer Straße anzuzünden. Hat nicht geklappt, die Bullen haben uns geschnappt. Na ja, eigentlich nur ihn, ich bin schnell weggerannt. Fühle mich trotzdem gut – und irgendwie politisch.

Eine Woche später: In Trance einen lilagestreiften Kapuzenpulli gekauft und daraufhin in der Bar *Zur fetten Ecke* zum ersten Mal bedient worden. Fühle mich immer wohler in meinem Bezirk. Nachts in meiner Wohnung, die ich inzwischen mit Plüschmöbeln vom Flohmarkt eingerichtet habe, dann die Erkenntnis: Ich werde zum Schlesi. Das ist also das Ziel meiner Metamorphose. Vom ganz normalen zugezogenen Berliner werde ich zum Wrangelkiez-Hipster. Endlich bin ich angekommen in der Partymetropole Berlin. Beruhigt schlafe ich ein.

Ein Tag später: Die Metamorphose geht weiter. Trage keine Kontaktlinsen mehr, sondern eine riesige schwarze Nerdbrille. Sie lag heute morgen einfach auf meinem Nachttisch.

Am Abend zum ersten Mal von einem Kreuzberger Mädchen im *Club der Visionäre* angesprochen worden. Ihr Pony, der ihre großen, blauen Augen überdeckt, und das Schwangerschaftskleid zu kaputten Siebzigerjahrestiefeln, sind echt süß. Nachdem wir uns geküsst haben, aber beschlossen, uns nicht mehr zu treffen. Wir wollen natürlich beide keine Beziehung – viel zu kompliziert.

Zehn Tage später: Ein Rückschlag. Bei einem Spaziergang an der Spree von Passanten für einen Prenzlberger gehalten. Daraufhin panisch zwei Päckchen Bio-Tabak gekauft, obwohl ich gar nicht rauche. Drei Tage zu Hause eingeschlossen und nur

Trash-Musik aus den Achtzigern gehört. Langsam geht es mir wieder besser. Der Grenzer lächelt mich zum ersten Mal bei der Einreise kurz an.

Zwei Wochen später: Endlich, die Röhrenjeans ist gekommen. Ich wache morgens auf und habe plötzlich eine graue Röhrenjeans an, die so eng ist, dass ich sie nie wieder werde ausziehen können. Ich hatte schon so lange gewartet. Am Abend den Grenzbeamten im *Lido* beim Poetry Slam getroffen und danach weiter ins *Cake* und drei Tannenzäpfle und zwei Augustiner getrunken. Wir sind jetzt Freunde.

Drei Wochen später: Nach meinem täglichen Morgenspaziergang über die Schlesische Straße frustriert in meine Wohnung in der Wrangelstraße zurückgekehrt. Sehr deprimiert. Mein Kiez ist auch nicht mehr der, der er mal war. Überall besoffene Touris und schlecht angezogene Zugezogene. Muss wahrscheinlich bald nach Neukölln ziehen. Da ist es wenigstens noch so richtig authentisch. So wie ich.

2011: Neukölln

Ich steige am U-Bahnhof Hermannplatz aus der U8. Ich will das Berliner Hipster-Heiligtum aufsuchen, die Heimat unzähliger cooler, zugezogener Anfangzwanziger, die kreative Projekte starten, illegale Partys in Kellerclubs feiern und dabei unermesslich viel Sex haben. Das stand jedenfalls so in der *Welt-Kompakt*.

Als ich die Treppen zum Hermannplatz hinaufsteige, steht dort aber kein Grenzbeamter. »Neukölln ist für alle offen«, erklärt mir ein Einheimischer, den ich in meiner Verwirrung nach dem Checkpoint gefragt habe. »Let it flow, man. That's Neukölln!«

Ich schaue mir den Neuköllner genauer an. Er trägt ausgelatschte, mit extra viel Schlamm eingeriebene Bauernstiefel von H&M, eine extraenge Röhrenjeans von Weekday, ein riesiges Oversize-T-Shirt mit einem Brustausschnitt, der beinahe bis zum Bauchnabel reicht, obwohl es minus acht Grad hat. Unter der Wollmütze mit grotesker Verlängerung über dem Hinterkopf lugt verschämt seine Undercut-Frisur hervor. Der Bart wuchert dazu ungehemmt unter dem riesenhaften Rundschal, den er etwa fünfzehnmal um seinen Hals geschlungen hat. Sein wichtigstes Utensil trägt er lässig über der Schulter: einen Stoffbeutel mit der Aufschrift: »Ich habe keine Angst vorm Hermannplatz«, in dem mehrere Club-Mate-Flaschen klirren.

Ich schaue mich auf dem Hermannplatz um, neben dem Neuköllner stehen noch hunderte andere Neuköllner, die genauso aussehen wie er. Auch die Frauen. In Neukölln wurde das dritte Geschlecht erfunden: das Hipster.

Ich rücke meinen eigenen Stoffbeutel und den Rundschal zurecht und stakse ungeschickt in eine der Seitenstraßen, weil ich in meiner extraengen Röhrenjeans so schlecht laufen kann. Sofort verliere ich die Orientierung. Ich suche diese eine Bar mit den alten Plüschsesseln und der offenen Backsteinwand an der Rückseite. Aber alle Bars sehen so aus. Und in allen sitzen Jungs und Mädchen in Röhrenjeans und Oversize-T-Shirts und trinken Club-Mate-Wodka. Wenn sie genug getrunken haben, torkeln sie aufgekratzt und hyperaktiv von der vielen aufputschenden Club-Mate zur nächsten identischen Bar, trinken noch mehr Club-Mate-Wodka, bis sie am Montagmorgen zurück nach Kopenhagen fliegen und drei Wochen nicht schlafen können. An Wochenenden ist Kopenhagen immer vollkommen leer.

Verwirrt laufe ich durch die Straßen, vorbei an den Cafés und Bars, Stoffbeutelshops und Spätis, die auch Stoffbeutel verkaufen, und Galerien, in denen Stoffbeutel ausgestellt werden. Auf den Beuteln prangen kreativ-groteske Sprüche, wie zum Beispiel: »Mit dir fahre ich nicht in den Urlaub, du Dummbratze.«

Oder: »Deine Kinder sind hässlich und dumm. Ich hasse dich, geh doch zurück nach Prenzlberg und trink Bionade, bis du kotzen musst.«

Plötzlich stoße ich mit einem mir vollkommen identischen Passanten zusammen. Unsere beiden Stoffbeutel fliegen in die Luft und beschreiben eine Ellipse, bis die mit mehreren vollen Club-Mate-Flaschen gefüllten Beutel auf uns drauf knallen. Als ich wieder zu mir komme, muss ich erst mal kurz überlegen, wer ich bin und wer der andere, so gleich sehen wir aus. Zum Glück setzt sich der andere schnell eine riesige runde Fensterglasbrille auf. »I'm from Wiesbaden«, sagt er in einem hessisch eingefärbten Englisch und steht wieder auf: »I'm an artist. I'm printing funny slogans on stoffbeutel.«

»Yeah, I'm a artist, too«, antworte ich. »I have projects.«

»I have a lot of different projects, too«, sagt der Wiesbadener. »I'm also printing not funny slogans on stoffbeutel.«

Plötzlich kommen zwei Jugendliche mit Migrationshintergrund auf uns zugestürmt. Sie tragen schwarze Kapuzenpullis und schlagen uns mit Baseballschlägern K.O.

Stille.

Als ich wieder aufwache, sitze ich gefesselt auf einem kleinen Kinderstuhl. Ich schaue mich um und bemerke, dass ich mich in einem dunklen Klassenzimmer befinde. Neben mir sitzen noch andere Neuköllner in Röhrenhosen. Leblos, wie ich entsetzt feststelle.

Da geht die Klassenzimmertür auf, und zwei Migrationsjugendliche betreten den Raum. Auf ihren Kapuzenpullis steht in grünen Lettern der Schriftzug »Rütli-Schule«.

»Warum werde ich hier festgehalten?«, rufe ich.

»Hier stellen wir die Fragen«, sagt einer der Jugendlichen düster. »Wie kommst du hierher? Wir kennen dich nicht, und wir kennen jeden in Neukölln.«

»Ich wohne nicht hier«, sage ich entschuldigend. Anscheinend gibt es in Neukölln zwar keine Grenzkontrollen, dafür aber so eine Art Kiezpolizei.

»Noch so einer«, ruft der Rütli-Jugendliche seinem Kollegen zu. »Es werden immer mehr«.

»Du bist auch hier, weil der Sex mit den Neuköllnern so gut ist und die Club-Mate so billig, was? Scheiß *Welt Kompakt*«, wendet er sich wieder mir zu, bevor ich ihm sagen will, dass ich eigentlich Kreuzberger bin und mir nur mal den neuen In-Bezirk anschauen wollte. Der Jugendliche aber holt einen Baseballschläger hinter seinem Rücken hervor und sagt: »Wir haben ein Abkommen mit den Migrationsjugendlichen in Tiergarten abgeschlossen und verkaufen unsere Hipster jetzt dorthin. Schön da, du wirst schon sehen.«

Er verpasst mir einen Schlag auf den Kopf, und ich falle zu Boden.

Stille.

Als ich aufwache, liege ich auf dem U-Bahnhof Kurfürstenstraße in Tiergarten. Neben mir knien mehrere Röhrenjeansträger mit Stoffbeuteln.

»Hey, was ist mit dir los?«, fragt mich einer von ihnen. »Bist du müde? Brauchst du eine Club-Mate?«

Er hält mir die pissgelbe Flasche hin und ich nehme einen kräftigen Schluck. Sofort fühle ich mich besser. Zusammen treten wir hinaus auf die Potsdamer Straße. Die Sonne scheint, und wir laufen stoffbeutelschwenkend freudig gen Westen.

2013: Tiergarten

Ich bin als einziger Röhrenjeansträger in Tiergarten geblieben. Also habe ich die Grenzkontrollen selbst übernommen und mich am U-Bahnhof Kurfürstenstraße postiert. Es kam aber keiner, der rein wollte.

Nach einem weiteren ereignislosen Arbeitstag beschließe ich, doch mal wieder nach Neukölln zu gehen, hier ist es einfach zu langweilig. Als ich am Hermannplatz aus der U-Bahn steige, ist wieder kein Grenzbeamter zu sehen – aber auch keine Migrationsjugendlichen. Anscheinend haben sie ihren Kampf verloren.

Ich will in einen Neuköllner Kellerclub gehen. In allen Neuköllner Kellern sind ja jetzt Clubs. Das stand jedenfalls so im Bahnmagazin *Mobil*. Man muss nur samstagabends an einer Haustür klopfen, meistens macht ein gutaussehender Kopenhagener auf und geleitet einen in einen Kellerclub.

Es scheint wirklich zu funktionieren. Schon an der ersten Tür öffnet mir ein dürrer Skandinavier und geleitet mich in einen kleinen, muffigen Keller. Es läuft ausschließlich schlechte Musik aus den Neunzigerjahren. Das meinen die hippen Neuköllner wahrscheinlich postironisch. Neukölln ist auch voll postironisch. Deswegen sehen die Tanzenden auch nicht gerade so aus, als würden sie sich privat solch schreckliche Chart-Mucke zu Gemüte führen, sondern eher so: Ich-habe-eine-kleine-Galerie-in-der-ich-mit-meinen-Freunden-Siebdrucke-von-Siebzigerjahre-Trash-Filmplakaten-herstelle-und-ansonsten-studiere-ich-
-auch-aber-meine-Eltern-sagen-immer-ich-könnte-mir-ruhig-
Zeit-lassen-und-mich-erst-mal-selbst-verwirklichen. Eigentlich sehen sie so aus wie ich.

Plötzlich höre ich eine weibliche Stimme an meinem Ohr: »Du tanzt ja gar nicht.«

Ich hatte ja immer gehofft, dass Cool-im-Club-rumstehen-und-nicht-tanzen mal dazu führen würde, von schönen Frauen angesprochen zu werden, weil das so nachdenklich und tiefgründig wirkt. Bis jetzt habe ich aber immer nur mit ansehen müssen, wie die An-Arsch-Rantanzer dann am Ende des Abends doch mit den hübschen Mädchen abgezogen sind.

»Die Musik«, stammle ich überrascht, drehe mich um und

schaue einer gutaussehenden Frau in die großen, blauen Augen, über die neckisch ihr Pony fällt.

»Scheiß Musik«, spezifiziere ich meine Aussage noch. Wenn das was werden soll, sollte ich mal anfangen, richtige Sätze zu bilden. Ich denke an meine Englischlehrerin damals in der Schule, wie sie mich immer ermahnte: »Please speak in a whole sentence.«

»Du kommst nicht aus Neukölln, oder?« Die gutaussehende Frau schaut mich abfällig an.

»Ich wohne jetzt in Tiergarten«, sage ich.

Es ist plötzlich ganz still in dem Club. Die scheiß Musik verstummt, und meine hübsche Gesprächspartnerin schaut mich verwundert an. Dann verzieht sich ihr Gesicht zu einem unanständigen Grinsen, bis sie schließlich anfängt, laut zu lachen. Sie kann gar nicht mehr aufhören und zeigt mit dem Finger auf mich: »Der da wohnt in Tiergarten.« Die umstehenden Hipster beginnen auch sofort lauthals zu lachen, und bald lacht der halbe Club. »Tiergarten«, rufen sie und lachen. »Muh Muh«, macht einer und »Piep Piep« und alle lachen noch lauter.

»Tiergarten ist das nächste große Ding«, sage ich noch leise, aber niemand hört mich. Gedemütigt gehe ich zur Bar im hinteren Teil des Kellers.

»Bier, bitte«, sage ich zu dem schwedischen Barkeeper mit Schnurrbart.

»Please speak in a whole sentence«, sagt er.

Ich schaue ihn verwundert an.

»You're the one from Tiergarten?« Der Barkeeper stellt mir eine Club-Mate vor die Nase. Bier gibt es hier gar nicht.

»You will see«, sage ich, »in a few months it's also cool there.«

»I live in Tiergarten, too«, sagt der Barkeeper aber und lächelt mich an.

»Really?«, rufe ich freudig.

»Nein, war nur ein Witz. Niemand wohnt wirklich in Tiergarten«, sagt der Barkeeper plötzlich in einem leicht hessisch eingefärbten Deutsch und setzt sich eine riesige Brille auf. »Das ist so ein Running Gag bei uns hier im Großbezirk Kreuzfriedrichskölln.« Er beginnt lauthals zu lachen.

Schnell verlasse ich den Neuköllner Keller und mache mich auf den Nachhauseweg. Tiergarten ist doch eigentlich gar nicht so schlecht, denke ich, als ich an der Kurfürstenstraße aussteige und in Richtung meiner Wohnung laufe. Es gibt in Tiergarten viele reizvolle Orte, zum Beispiel, äh, den Tiergarten. Und es ist immer was los, gerade nachts. Verliebte Pärchen turteln in den dunklen Ecken herum, hin und wieder kotzt mir ein Junkie vor die Füße.

»Na, Kleiner, willst du auch etwas Spaß?«, fragt eine Prostituierte, die in riesigen Plateaustiefeln vor meiner Haustür herumstakst, und grinst mich gelangweilt an.

»Ich bin nicht klein«, sage ich.

»Wir können auch nur reden«, sagt sie. »Ich studiere ja Psychologie an der FU. Ich sehe schon, du hast einen kleinen Minderwertigkeitskomplex.«

»Der ist nicht klein«, sage ich.

Ich hole meinen Schlüssel aus der Tasche und will die Tür aufschließen.

»Du wohnst hier ja wirklich!« Die Prostituierte beginnt zu lachen.

»Der Kleene hier wohnt in Tiergarten«, ruft sie den anderen Prostituierten zu, die hier überall stehen. Alle beginnen lauthals zu lachen. Dann fahren sie zurück nach Neukölln, wo sie wohnen.

Ich bleibe hier, alleine in meiner riesigen und unfassbar billigen Altbauwohnung in Tiergarten und warte. Irgendwann muss sie ja kommen, die Gentrifizierung.

das szenecafé

volker surmann

Als ich mich – frisch in Berlin – bei F., dem angesagten Popliteraten und Creative Director des Lifestylemagazins *MiddleMag* um einen Praktikumsplatz bewarb, schlug er mir umgehend ein Treffen in seinem Lieblingscafé vor:

> »thanx for your mail. deine arbeitsproben sind echt qualitätsjournalismus, beitrag zur dorfplatzerneuerung in rheda-wiedenbrück ist marvellous, pulitzerprice-verdächtig.
> congratulations zur ankunft in b., habe auf jmd. wie dich nur gewartet, sollten uns unbedingt schnell treffen wg. praktikumsplatz oder and. projekte, am besten heute abend. im nördlichen mitte ist maasdamer/ecke leerdamer ein abgefahrenes retrocafé, kaum zu verfehlen, wart da auf mich, kann spät werden. cu, F.
> (senior junior producing art directing assistant leader Middle-Mag.)«

Aufgeregt brach ich am Abend auf zu meinem kreativen Blind Date. Ich fand zwar keine Maasdamer Straße, aber ein paar ähnlich klingende, offenbar hatte F. da etwas verwechselt. Das besagte Café war in der Tat unübersehbar. Es hieß *Zum Süffel*. Aber wieso nicht? Hatte der bekannte Exzentriker F. nicht vom Retro-Chic der Location geschwärmt?

Schon die Leuchtreklame war voll retro, glomm in vergilbtem Used-Look; eine komplizierte Relay-Schaltung sorgte für ein täuschend echtes Flackern der Neonröhren.

Ich betrat das Café und war sogleich angetan. Hier spielte man echt gekonnt auf der Klaviatur der Ironie! Hier hatte man mit Retro-Charakter wahrlich nicht gegeizt! Vor mir hatte ich ein bis ins letzte Detail durchgestyltes Prekariatsambiente par excellence!

»Wow, echt cool!«, entfuhr es mir spontan.

»Nix is cool hier, wat wüllst?«

Rüde fuhr mich die Bedienung an, ein Mann, Mitte fünfzig vielleicht, in einem verwaschenen Flanellhemd. Zuerst war ich erschrocken, doch dann fiel mir ein, dass er in so einer Location natürlich so reden musste, wahrscheinlich ein arbeitsloser Schauspieler, der hier angeheuert hatte.

Er musterte mich eindringlich, während ich mich an das einzige kleine Tischchen in einer Ecke zwängte und mein Notebook aufbaute. Es klebte direkt am Tisch fest. Der war mit einem klebrigen Fettimitat überzogen, um die typische Saugwirkung von Kneipentischen zu simulieren. Der Innenarchitekt musste sich an diesem Café 'ne goldene Nase verdient haben. Wie viele versiffte Eckkneipen musste er abgeklappert haben, um diese Accessoires aufzutreiben!

»Wat is jetze?«, rief die Stimme vom Tresen her.

»Die Karte bitte.«

»Wat?«

»Ich hätte gerne eine Karte ...«

»Ick hab da irjendwo noch'n ollen Stadtplan, den kannste ham, sonst jibts hier keene Karte.«

Ich überlegte. Die Ironie-Ebene seiner Message hatte ich sehr wohl bemerkt, aber ich fand, der Schauspieler agierte etwas zu nah am Klischee des Eckkneipenwirtes.

Ich bestellte mir einen Latte Macchiato.

»Wat?«

»Oder eine große Schale Milchkaffee.«

»Hä?!«

»... Capuccino?«

»Wills'n Kaffee oder wat?«

»Ja, dann einen Kaffee.«

»Juut, jeht doch.«

Er schlug sich wieder hinter die Theke und brüllte in eine Luke nach hinten:

»Jitta! Jitta, brüh ma'n Kaffee uff!«

»Is noch wat da, Justus!« erschallte von irgendwo, und er fand tatsächlich eine fleckige Kaffeekanne, goss daraus Kaffee in eine Tasse, fischte dann mit einem Löffel etwas heraus, das er sofort in die Spüle beförderte, und stellte die Tasse danach in die Mikrowelle.

Nach dem »Pling!« nahm Justus – wie ich jetzt wusste und was ihn natürlich eindeutig als Schauspieler auswies; ein kleiner, gezielt gesetzter Bruch der Ironie-Ebene, vielleicht ein amüsanter Verweis auf die Jugendkultur der Achtziger- und Neunzigerjahre und *Die Drei Fragezeichen* – die Kaffeetasse aus der Mikrowelle, stapfte zu mir rüber und knallte das dampfende Gebräu vor mir auf den Tisch.

»Hier Kaffee, macht eensfuffzich.«

Ich klatschte unwillkürlich in die Hände: »Mann, Alter! Das war 'ne klasse Performance! Wirklich grandios!«

»HÄ?! Wills nich zahlen oder wat?«

»Doch, doch natürlich«, lenkte ich ein und zählte ihm die Münzen auf den Tisch.

Justus glotzte auf meinen Laptop.

»Will der Kleene ooch wat? Hat de Klappe ja schon janz weet uffjerissn!«

»Na ja, vielleicht ... – Haben Sie denn W-Lan?«

»Watt?«

»'nen Access Point?!

»Exzesse jips hier nich, oder sieht dit aus wie'n Puff?!«

»Schon gut, war ja nur 'ne Frage.«

»Okee. Aber jearbeitet wird an dem Dingens nich, wa! Dit könnt meene andern Jäste abschrecken.«

Bevor ich mich dem Bildschirm widmete, fragte ich Justus noch, ob er F. heute schon gesehen hätte.

»F.? Wer solln dit sein? Und wieso hat der keenen janzen Namen?«

»F. ist ein angesehener Popliterat, der hier gelegentlich verkehrt!«

»Hier jips keen' Vakehr, hab ick doch schon jesacht! Puff ist Hinterhaus, links Thaimassage, rechts Hausfrau mit fetten Titten.«

Es war zwecklos. Justus spielte seine Rolle perfekt. Nur ich war derjenige, der der Rollenerwartung der Location nicht entsprach, weil ich nicht bereit war, mich auf sein untergründiges Spiel einzulassen. Aber womöglich bestand der tiefere Sinn dieser Szenekneipe darin, dass sich auch das Publikum im Rahmen einer kollektiven Wirklichkeitserfahrung dem Ironiegehalt der Umgebung anpasste und sozusagen doppelbödig atmete. Doppelbödig Atmen bedeutete hier jedoch zuallererst, einen Drink zu ordern.

Dazu musste ich mich nur noch der ironischen Ebene des durchgestylten Cafés anpassen und ein Getränk bestellen, das gleichermaßen angesagt wie retro ist.

»Hallo –« Ich stockte und suchte nach den richtigen Worten für diesen Laden: »Herr Ober!«

»Wat?!«

»Ich hätt gern einen Absinth!«

Absinth! Das wieder entdeckte Trendgetränk! Die grüne Fee! Die Bionade unter den Alkoholika! Über die Oscar Wilde schon sagte, ein Glas davon sei poetischer als alles in der Welt!

»Wat wüllst?!«

»... oder Caipirinha? ... 'n Beck's Green Lemon?«

»Jitta! Mach ma'n Pils mit Korn feddich für d'n Pimpf hier!«

Justus' Reaktion verriet mir auf subtilste Weise, dass ich mich wieder voll daneben benommen hatte. Langsam dämmerte mir: Das hier war nicht Stilzitat sondern Stil pur, das war nicht mehr retro, sondern schon *post-retro*! Das Zitat einer intellektuellen Subkultur bestand einzig und allein in meiner Anwesenheit. Die Ironie-Ebene dieser Location manifestierte sich also erst durch das Eintreten des Gastkörpers in eine durch und durch unironisch inszenierte Wirklichkeit! Ich hatte es mit einer de-virtualisierten virtual reality zu tun, quasi einer *Welt 2.0*! – Ich selbst wurde so Teil der interaktiven Ironie-Performance! Ich war das störende Element, an welchem sich die laue See still liegender Ironie erst brach zu schäumender Kontradiktion. – Völlig abgefahren! Ich kriegte schon Kopfschmerzen beim Verstehen dieses Ladens! Was für ein kreatives Genie musste sich das alles erst ausgedacht haben!

Als Justus mir das Bier brachte, raunte ich ihm zu: »Ey Justus ... – Ich weiß, ich breche gerade mit allen Regeln eurer Ironie-Inszenierung, aber ich wollte nur sagen, ich find euer Konzept echt cool! ... Kann ich hier vielleicht mal 'n Praktikum machen?!«

»Hast'n Ei am Schaukeln oder wat?! Trink ma aus, dann quakste wenichsens nich mehr blöd rum.«

Justus ging wieder hinter den Tresen.

Nach und nach füllte sich das Café. Die anderen Gäste passten sich schon von selbst der Kulturinszenierung der Location an und chillten bei einem Glas Bier oder Hefeweizen. Ja, es schien absolut üblich zu sein, als Besucher im umgebenden kulturellen Kosmos aufgehen zu wollen. Es ging hier scheinbar um Transformationserfahrungen der intellektuellen Assimilation.

Geistige Regression als kreatives Projekt! Ich ahnte langsam, wieso mich F. hierher bestellt hatte, und wurde mächtig stolz, dass er, der wirklich angesagteste Underground-Popliterat, mich an solchen urbanen Lifestyle-Erfahrungen teilhaben lassen wollte. Er musste echt viel von mir halten! Ich beschloss, für den Rest des Abends meine kreative Existenz in die Hände der lokalen Inszenierung zu legen, und bestellte noch ein paar Pils mit Korn und schaute ganz tief hinein auf den Boden der Ironie.

cindyrella

frank klötgen

Hellersdorf wird dunkler werden
Weil es nu' so is' auf Erden
So war das immer und endet nie
Für die prekariable Peripherie
Dort, wo die Aschenputtel wohnen
Dort bimmeln tagtäglich die Jamba-Millionen
Doch sitzt es sich kläglich hier auf unsern Thronen
Denn wo ist hier so eine, wenn ihr wisst, was ich meine
Dann wisst ihr, ich meine so eine mit Haut
Weiß wie Schnee. Lippen
Rot wie Blut. Und Haare
Schwarz ... wie eben die St. Oberholzer iMac-Schnitten
Nie war'n und nie wer'n und sich trotzdem ausbitten
Ikonen des Geschmacks zu sein
Zeitgeistreich berufen – ich würd's nicht beschrei'n
Wie ihr euch eingebildet habt
Am Schaum der warmen Latten labt

Ihr seid gewiss die Schönsten hier
Aber die Flittchen hinter den Prenzlauer Bergen
Die versieben Karrieren, die für euch keine wären
Und Spieglein, oh Spieglein, was will uns das lehren?
Wir sind vielleicht die Schönsten hier
Aber die sind noch tausendmal schöner als wir

Denn deren Glanz glüht nur für eine Saison
Die hyperbrillier'n und dann hat sich's auch schon
Weil ab da, da der Wandel zur Schwänin geschieht
Schon der erste Hauch Grazie dem Körper entflieht
Nichts kann ihres Anmutes Ausfaden stoppen
Und kein Aufschub lässt sich bei New Yorker ershoppen
Keine H&M-Erschwinglichkeit
Bewahrt ihn'n die Vollkommenheit
Denn bald luken aus all ihrer Antlitz Ritzen
Die Zusatzstofffährten der Tiefkühlpizzen
Und vor Aldi-geadelten Burger-King-Schlössern
Schwing'n satte Prinzesschen sich von ihren Rössern
Statt der Entgaloppierten komm'n nun wir angetrabt
Unsre Zweite-Wahl-Wunden sind auch schick vernarbt
»Tja: Laptop, Top-Abi und Bio-Ernährung
Sind auf längere Ansicht die härtere Währung!«

Und sicher, wir sind die Schönsten hier
Aber die Flittchen hinter den Prenzlauer Bergen
Die versieben Karrieren, die für uns keine wären
Und Spieglein, oh Spieglein, was will uns das lehren?
Wir sind gewiss die Schönsten hier
Aber die sind noch tausendmal schöner als wir

Verweile Moment, derweil du so schön bist
Eh McKinsey die Reinheit der Blüte im Stil misst
Spann weit deine Flügel, umschwirr diese Wirrnis
Denn wenn schon zur Kirmes, dann bitte mit dir, Miss!
Von euch taugt und paukt sich hier keine zur Chefin
Ihr verschenkt euch an Justin und Mar- oder Kevin
Eingeschwängert von Jungs ohne wirklichen Namen
Gerbt euch derb in Solarien und fühlt euch wie Damen

Warum schreit hier kein Denkmale-Schützer Alarm
Warum denkt sich kein Schutzengel: »Herr, hab Erbarm'!«
Müssen Weddinger Grazien so früh an sich scheitern?
Lässt sich aschengeputteltes Glück nicht erweitern?
Doch wär' ihre Schönheit nicht gar so arg rar
Schien' dann nicht die Reinheit auch weniger klar?
Denn vor all dem Verfall gefällt sie sich
Doch auch im Versprechen: »Ich halt mich nich' ...«
Uns Holz hält – trotz aller Schnitzer – dagegen
Uns treibt Oberwasser, erteilt uns den Segen
Gewachst in Anti-Aging-Cremes
Mensch, Alter, dass'de dir nich' schäms'!?

Nun sind wir vielleicht die Schönsten hier
Aber die – war'n doch tausendmal schöner als wir!

Wo sind denn all die Cindys hin, die's
Dann diddlmausdösig verdaddelt ha'm?
Weil der'n Glut längst verglomm
Laufen Restakkus warm

Nur das Streben nach Schönheit stützt ihr Straucheln vorm Thron
Aber letztlich wirkt unsres Nests Gene-Ration
Nun noch ein bachmannpreiswürdiger Name fürs Kind
Derweil die noch bei Lara und Benjamin sind ...!
Die sind vielleicht tausendmal schöner als wir
Doch Kindchen, was zählt, ist:
Die da – und wir hier

So endet das immer
Und endet doch nie
Für die prekariable Peripherie

ich bin nicht cool,
ich war schon immer so.

thilo bock

Die Gegend, in die ich damals gezogen bin, wirkte so, als hätte die hässliche Vergangenheit der schönen Gegenwart vor die Füße gespuckt. Ich fühlte mich sofort wohl, allein weil ich meine Ruhe haben und nicht permanent daran erinnert werden wollte, wo man seine Zeit angenehmer verbringen könnte als am heimischen Schreibtisch. Um auszugehen, mich mit Freunden zu treffen und gelegentlich ordentlich einen draufzumachen, war ich dann halt ein bisschen unterwegs. Nicht schlimm in einer Stadt wie Berlin mit einem gut ausgebauten Nahverkehrsnetz, das einen normalerweise zu jeder Zeit mitnimmt – egal, wo man gerade steht, egal, wo man sich zu betten beabsichtigt. Mancher erlebt auf der Heimfahrt mehr als den ganzen gerade vergangenen Abend lang, vor allem, wenn es mal wieder etwas länger dauert. Der Weg ist das Ziel. Warum die BVG nicht unter diesem Slogan fährt, habe ich nie verstanden.

Das Durchschnittsalter meiner Hausgemeinschaft wurde von mir erheblich gesenkt. Anfangs fand ich das befremdlich. Genauso wie den mittäglichen Geruch nach Kohlsuppe und Kölnischwasser im Treppenhaus. Von den Nachbarn wurde ich eher scheel beäugt, oftmals durch Türspion und Küchenfenster. Die meisten wohnten schon länger als ihr halbes Leben dort, also unendlich lang. Im Nachhinein kann ich ihre Sorgen gut verstehen. Dabei gab ich keinen Anlass zur Beschwerde. Krach machte ich woanders, vor allem den menschlich-nächtlichen. Wenn ich mal wen kennenlernte, ging es stets in eine dem Treffpunkt näher liegende Ecke, weshalb ich die beglückendsten Augenblicke meines Lebens fernab der eigenen vier Wände erlebte.

Nicht bloß deswegen war ich der leiseste Bewohner meines Hauses. Wenn ich denn mal tatsächlich wohnte, waren die Fernseher der anderen lauter als die Geräusche, die ich beim Computerspielen erzeugte. Manchmal fehlte mir die Lust für weitere Wege, sodass ich phasenweise ein wenig vereinsamte, was ich mit Egoshootern kompensierte, besonders wenn mich durchs Gemäuer dröhnende Schunkelmusik aggressiv stimmte und an Schreiben nicht mal zu denken war. Die von mir elektronisch erzeugten Schüsse, Schreie und Explosionen sind meinen Nachbarn nicht völlig entgangen. Wahrscheinlich haben diese in ihnen längst verschüttete Erinnerungen wachgerüttelt. Als ich eines späten Abends nach einer ausführlichen Game Session noch was aus dem Keller holen wollte, war das halbe Haus dort versammelt und begrüßte mich mit angstgeweiteten Augen. »Ist es vorbei?« Unsicher darüber, was sie meinten, nickte ich und wählte wohlgesetzte Worte der Beruhigung.

Den Keller habe ich seitdem gemieden, aber schon ein paar Tage später klingelte Frau Senfkorn bei mir. Ob ich Appetit auf Königsberger Klopse hätte, sie habe zu viele gekocht. Außerdem müsse man in Zeiten wie diesen zusammenhalten. Auch von anderen Nachbarinnen bekam ich nun mitunter Essen angeboten. Als ich einmal Frau Barsch den Topf zurückbrachte, bat sie mich in ihre über der meinen gelegene Wohnung, die überheizt und wohl seit zwanzig Jahren nicht mehr gelüftet worden war. Ich sei so groß wie ihr verstorbener Gatte Heinz-Herbert, eröffnete mir Frau Barsch. »Wollen Sie nicht ein paar seiner alten Sachen anprobieren? Die sind noch tadellos!« Weil ich höflich war, nahm ich welche mit, mit dem festen Vorsatz, sie im Container zu entsorgen.

Dann jedoch wurde ich auf eine Kostümparty eingeladen, und ich ging als böser alter Mann, was gut ankam, vor allem bei lieben, jungen Frauen. Eine, sie selber war als Sternschnuppe erschienen, fragte mich, warum ich nicht verkleidet sei. Ich erwiderte, das nicht nötig zu haben. Sie stimmte mir zu und hatte bald gar nichts mehr an.

In der Folgezeit ging ich mit Wiebke viel aus. Ich traute mich nicht, in meiner eigentlichen Garderobe bei ihr aufzukreuzen und holte mir sogar Nachschub. So trug ich auch Klamotten anderer verstorbener Herren aus meinem Haus. In Wiebkes Bekanntenkreis fiel ich nicht sonderlich auf. »Voll vintage!«, hieß es mitunter. »Geil, Mann, wo kriegst du denn den coolen Stuff her?« Spätestens beim Dritten wusste ich die richtige Antwort: »Ich hab da so 'n Versand am Start, wenn du willst, kann ich dir was besorgen!« Alle wollten sie, weshalb ich noch meine eigenen Sachen vertickte. War echt 'ne Goldgrube, die leider rasch versiegte. Die Schränke meiner Nachbarn hatten ein begrenztes Fassungsvermögen. Wiebke verstand nicht, wieso ich plötzlich in Jeans und T-Shirt bei ihr aufkreuzte. Und ihre Sternschnuppennummer war sowieso längst verglüht. Daher bemühte ich mich nicht mehr groß um ihre Gunst und verlor sie schnell aus den Augen.

Auch einige meiner Nachbarn verlor ich aus den Augen, indem sie starben. Frau Barsch war die Erste. In ihre Wohnung zogen drei Studenten, die entweder nicht wussten, wo man in Berlin als Student zu wohnen hatte oder denen anderswo die Mieten schlichtweg zu teuer waren. Die Garderobe der drei hätte von Herrn Barsch stammen können, kam aber vermutlich vom schwedischen Klamottendiscounter. Die Jungs waren noch sehr jung, vielleicht sogar von Heimweh geplagt.

Nachvollziehbar daher und für mich trotzdem erstaunlich: Die alternde Hausgemeinschaft nahm sich ihrer an. Vollkommen abgemeldet, musste ich fortan ohne übriggebliebenes Mittagessen auskommen. Dafür war ich der Einzige, der sich an der basslastigen WG-Musik störte. Die anderen hörten diese einfach nicht. Selbst das von mir erzeugte Geknalle trieb niemanden mehr in den Keller. An Wochenenden gingen die drei Studenten fast nie aus, sondern sie luden Freunde zu Spieleabenden ein. Unfassbar! Mir wäre das in dem Alter peinlich gewesen, wie auch jemanden in meine uncoole Gegend einzuladen.

Frau Senfkorn kam in ein Pflegeheim am Stadtrand. Ich war dort ein paar Mal. Stets hat sie mich nach den beiden netten jungen Männer gefragt, mit denen ich angeblich zusammenwohne. Zuerst hat mich diese Verwechslung tief verletzt, beim zweiten Besuch bin ich gleich wieder gegangen, und beim dritten und letzten habe ich die Krankenschwester nach deren Telefonnummer gefragt. Mit der diese tatsächlich ohne Umschweife rausgerückt ist. Frau Senfkorn hätte schon so viel von mir erzählt. Ich lud Tatjana in meine Wohnung ein und kaufte mir ein paar anständige Vintage-Klamotten. Es gab Königsberger Klopse, und Tatjana blieb über Nacht und noch länger.

In Frau Senfkorns alte Wohnung zog ein junges Pärchen, das den ganzen Tag zu Hause zu sein schien. Ich googelte beider Namen und stellte fest, dass sie Grafikerin war und er jährlich einen Gedichtband veröffentlichte. Ich kaufte den neuesten, fand ihn unfreiwillig komisch und las Tatjana abends im Bett daraus vor, bis ich bemerkte, dass sie meine Belustigung nicht teilte. Sie meinte, wir sollten die beiden mal zu uns einladen. Faktisch wohnte Tatjana mittlerweile bei mir. Ich schob Gründe vor, dennoch lernte ich ihn drei Wochen später kennen. Er kniete in meiner Badewanne – hinter Tatjana. Wütend klingelte ich bei seiner Freundin und berichtete, was sie kein bisschen zu überraschen schien. Die Wände seien ja nicht sonderlich dick. Ob ich vielleicht im Ausgleich dafür mit ihr...

Nein, das wollte ich nicht. Verzweifelt verließ ich das Haus und stieß unten auf eine Gruppe spanischer Rucksacktouristen. Die fragte mich, in welchem Stockwerk das Ferienappartement sei. »In keinem!«, platzte ich heraus und wurde eines Besseren belehrt. Herr Krause aus dem Vierten vermietete nämlich seine original retro möblierte Wohnung für ein Heidengeld an junge Menschen aus aller Welt. Damit finanzierte er sich den Platz in einer luxuriösen Seniorenresidenz.

Ich hatte verstanden. Berlin war mittlerweile zu cool für mich, zu sexy. Arm dran war allein ich. Sicher, ein Ausweg nach Spandau oder Marzahn wäre möglich gewesen. Aber ich entschied mich für einen Neuanfang. Jüngst zog ich daher nach Hannover. Ich glaubte, dort ein paar Jahre lang unbehelligt von jeglichem Hype leben zu können. Nie wieder Vintage! Nie wieder Szenegegend! Naiv gedacht. Bereits am Hauptbahnhof sprach mich ein jungscher Typ an. Woher denn meine coolen Klamotten stammten. Überrascht sah ich an mir herab. Betrachtete meine schmutzigen Schuhe, die ausgebeulten Jeans, den fleckigen Parka. »Oh«, sagte ich, »hab ich alles schon ewig, keine Ahnung.« Der Knabe sah mich an wie einen Alien. Verarschen könne er sich selber, fauchte er und spuckte mir verächtlich vor die Füße.

3. lost

der bahnhof

patrick salmen

Am Rande des Industriegebiets. Horizontkonturen von Fabrikschloten und alten Zechen. Eine verlorene und doch wunderschöne Welt. Es scheint, als liege noch immer ein hauchdünner Film von Kohlenstaub auf den Feldern.

Kleingartensiedlungen. Vor lackierten Holzzäunen wachende Gartenzwerge. Lauernde Heckenschützen. Schmale Pfade zwischen Holunder und Hibiskus.

Noch viele weitere Kilometer entfernt, da gibt es sie nicht mehr: die Gartenzwerge, die Kleingartenlauben, die Menschen. Da gibt es nicht mehr als die Felder. Wenn die gelben und grünen Flächen nicht als Zeichnungen auf den Landkarten existieren würden, dann würde man manchmal glauben,sie seien nur Kulissen, eine Art Fata Morgana, die man nur wahrnimmt, wenn man im Zug sitzt und aus dem Fenster blickt. Verlorene Paradiese. In der Spätsommerseptembersonne glitzernde Roggenfelder.

Nur die Gleise und Strommasten erinnern an den Kontakt zu einer fernen Welt, lassen die Illusion von Distanzlosigkeit bestehen. Die Stille ist manchmal nicht mehr als ein Surren.

Die rostigen Gleise der Eisenbahn. Man erzählte den Kindern damals, dass ein einziger Mann die Gleise aus flüssigem Stahl gegossen hätte. Er hätte sich vorgenommen, all die Städte dieser Welt zu verbinden. Er hatte Angst, dass sie sich sonst aus den Augen verlieren, die Städte. So wie bei den Menschen, manchmal sollte man jemanden an der Hand nehmen, wenn man nicht will, dass er verschwindet.

Dann ist er losgezogen und hat die Schienen gegossen. Ganz alleine, im ganzen Land.

Nach vielen langen Jahren kam er wieder, setzte sich auf die alte Holzbank, schnaufte kurz durch und sagte: Jetzt hab ich mir eine Mütze Schlaf verdient. So als hätte er soeben ein paar Eimer Kohle geschaufelt oder nur mal kurz die Blumen gegossen. Aber er war über fünfundzwanzig Jahre unterwegs. Er hat dann einen halben Tag geschlafen und sich am nächsten Morgen wieder um seinen Bauernhof gekümmert.

»Und wie hat er all den flüssigen Stahl transportiert?«

»Er hatte einen Kupferkessel dabei. Dieser Kupferkessel war sehr groß. So ungefähr.« Und während er das sagte, streckte er die Arme, so weit es nur eben ging, auseinander.

»Das glaube ich dir nicht. Wie soll der Stahl denn dann hart geworden sein?«

»Na ja, er hat gepustet. Ich erzählte dir ja, dass er sehr lange unterwegs war. Aber er hatte Begleitung, und zwar vom Landvermesser.«

»Vorhin hast du gesagt, er war allein.«

»Nein, habe ich nicht. Der Landvermesser hat jedenfalls die Schritte gezählt, und wenn er gerade nichts zu tun hatte, dann half er ihm beim Pusten. Es war eine lange Reise, denn der Landvermesser hat kurz vorm Ziel plötzlich die Zahl aus seinem Gedächtnis verloren und dann mussten sie wieder zurück und von vorne beginnen. Der Stahlgießer hat dann natürlich auf dem Rückweg auch wieder zwei Schienen verlegt. Das ist auch der Grund, warum es immer zwei Gleise nebeneinander gibt. Wenn der Landvermesser nicht so vergesslich gewesen wäre, dann wäre alles ganz anders gekommen.«

»Ich glaube dir nicht. Landkarten gibt es doch schon viel

länger als Eisenbahnschienen. Warum sollte der Landvermesser denn alles noch mal gezählt haben?«

»Na ja, er glaubte den Karten nicht. Er wollte es selber herausfinden.«

»Und wie viele Schritte waren es?«

»Musst du nicht langsam ins Bett? Das erzähl ich dir Morgen.« Und dann überlegten die Väter nächtelang, wie viele Schritte es gewesen sein könnten. Sie hofften insgeheim, dass die Kinder ihre Frage vergessen würden, aber das geschah in den seltensten Fällen.

Manche Väter sollen die ganze weite Strecke dann noch mal zu Fuß abgegangen sein, nur um eine glaubwürdige Antwort zu haben. Natürlich kam immer eine andere Zahl dabei heraus, weil all diese Männer ganz unterschiedlich lange Schritte machten. Es war wirklich kein einfaches Unterfangen mit dem Landvermessen.

Heute sind die Kinder fort. Auch die Väter sind fort. Die meisten zogen in die Stadt, denn als die Eisenbahnen dann einmal fuhren, da war es ihnen ein Leichtes, neue Orte zu entdecken. Übrig blieben nicht mehr viele.

Zwischen Betonbauten und Industrieidyllen, da schlummern sie, die Dagebliebenen. Sie sind nicht mehr als eine verzerrt verschwommene Linie aus dem Blickwinkel eines Zugführers, ein kleiner Punkt von oben aus der Perspektive eines Zeppelins. Ein leerer Fleck auf der Landkarte irgendwo da draußen. Die Dagebliebenen. Die Wahrhaften. Manchmal glaubt man, sie sind nicht mehr als eine Kulisse.

Und er ... er ist einer von ihnen. Er sitzt dort auf seinem Rasenmäher und zeichnet feine Linien ins Kornfeld. Manchmal schaut er auf die vorbeifahrenden Züge. Dann und wann winkt er den Kindern zu.

Vor einigen Jahren, da hat er sich mit einem Schild an die Gleise gestellt.

»Amerika« stand in schöner Schreibschrift auf der Pappe. Früher, da träumte er von Amerika.

Und irgendwann später, nachdem die Züge immer wieder an ihm vorbeigefahren sind, da kam er auf eine andere Idee. Er ging in die alte Scheune und suchte etwas Holz zusammen, er trug es Stück für Stück an die Gleise und dann ...

Dann hat er sich einen Bahnhof gebaut. Einen ganz kleinen Bahnhof aus ein paar alten Brettern, Nägeln und ein wenig alter Dachpappe. Es war der kleinste Bahnhof der Welt, womöglich aber der schönste. Der Zug jedoch, er hielt hier auch weiterhin nicht. Der Mann bleibt ein verzerrter Punkt vor der Kulisse. Aber immer wieder kommt er hierher, hält ein wenig inne und beobachtet die Schienen.

Manchmal sitzt man im Zug und bekommt urplötzlich das Gefühl, anhalten zu müssen. Immer dann, wenn man diesen Druck auf den Ohren hat. Immer dann, wenn die Landschaft nicht mehr ist als ein einziges verschwommenes Aquarell. Immer dann, wenn man die Felder sieht. Die Strommasten. Die Vögel.

Nur die Vögel, sie kommen zu Besuch. Sie setzen sich auf die Hochspannungsleitungen und singen ein leises Lied in E-Dur.

Es gibt sie, die Paradiese. Fernab von Braunkohlewerken, Gaskesseln und Kraftwerken. Fernab der Schrebergärten. Fernab der Stadt, da surren sie ...

Manchmal ist das Surren die einzige Form von Stille, die uns erhalten bleibt.

Und da sitzt er nun, der alte Herr auf dem Rasenmäher, direkt neben seinem kleinen Bahnhof. Und dann fängt es ganz langsam an zu rattern. Die Eisenbahn. Ein leises Pfeifen. Ob sie diesmal hält?

Einige Sekunden später: Ein kleiner Junge sitzt im Abteil und presst seine Nase fest an das Fenster, beobachtet die Landschaft. Im Hintergrund: Silos, Heuballen, Traktoren. Eine alte Schaufel lehnt an der Scheune. Und dann ... die wohl schönste Form der Reduktion. Nichts als Felder. Und plötzlich ... nein ... da sitzt ein alter Mann auf einem Rasenmäher, direkt neben seiner kleinen selbst gebauten Bretterhütte. Der alte Mann sieht den Jungen und winkt ihm zu.

Der Junge presst seinen Zeigefinger auf die Fensterscheibe und fragt seinen Vater, warum der Zug denn nicht anhält. Dort sei doch ein Bahnhof gewesen. Ein Mann hätte daneben gesessen auf einem Rasenmäher.

»Bahnhöfe gibt es hier nicht«, sagt sein Vater. »Hier gibt es nur Felder.«

Der alte Mann sitzt noch immer dort auf seinem ratternden Rasenmäher. Er schaut dem Zug hinterher, welcher langsam als kleiner Punkt am Horizont verschwindet.

Früher, da wollte er nach Amerika.

meditation eines rennfahrers
(oder: da vorne steht 'ne ampel)

wolf hogekamp

Speed!
BPM!
Watt!
Geschwindigkeit!
Höchstgeschwindigkeit!
Wieso Höchstgeschwindigkeit?
Ich hab immer Höchstgeschwindigkeit.
Das muss man doch machen!
Reflexion?
Nicht mit mir!
Reflexion ist doch nur ein anderer Begriff
für die Unterschreitung der Höchstgeschwindigkeit
als Mangel.
Mit anderen Worten: Wer bremst, ist feige.
Ist nicht endschnell.
Ich weiß daß, denn ich lebe auf einer Verkehrsinsel.
Ich versuche doch lediglich, mich in Szene zu setzen.
Und ich spreche hier nicht von irgendeinem next-level-Scheiß.
Auf einer Verkehrsinsel leben ist wie:
Die letzten fünfzig Meter beim Geschlechtsverkehr als Matrix
oder die Hundertstelsekunde vor der Explosion
als Dauerzustand.

Schönheit ist doch auch nur eine Frage der Geschwindigkeit des
Blicks!
Von wegen Perlen vor die Säue werfen.
Die um sich greifende Beliebigkeit ist das Problem!
Jeden Tag wird eine neue Sau durchs Dorf getrieben.
Da will man doch schließlich wissen, welche?
Mitunter ist man selbst die Sau und kriegt das noch nicht mal
mehr mit.
Das will man doch verhindern, ich sage nur Verkehrsinsel ...
Kannst du mir folgen, oder soll ich schon mal vorgehen,
um zu schauen,
was es sonst noch so gibt?
Ich hab mir die Straßenkarte von Berlin auf den Rücken tätowie-
ren lassen,
denn ich will sicher sein, dass ich nichts verpasse.
Du brauchst nur hupen, schon bin ich da – schon bin ich die
Hupe Hogekamp.
Von wegen:
ich kann mich innerlich nicht beteiligen, ja das stimmt.
Und ja ich lese zu wenig, ja das stimmt.
Und ich denke nicht über mein Menschenbild nach, ja, auch das
stimmt.
Und das alles, was ich mache, Mist ist,
gut, diesen Gedanken hatte ich auch schon.
Aber ich sitze auch nicht in irgendeiner kreditfinanzierten
designten Wohnung
gegenüber der Frau, der Freundin,
der Lebensabschnittspartnerin, der was weiß ich ...
und man wirft sich gegenseitig vor,
was man alles hätte werden können,
wenn man sich nicht kennengelernt hätte.
Da nutzen auch keine Sonnenbrillen,
deren Gläser jedes Kindergesicht verdecken.

Der Mensch ist überflüssig geworden, das weiß jedes Kind.
Bleibt nur noch die Frage, mit welcher Pietät man ihn los wird.
Ich bin schon weg, ich lebe auf einer Verkehrsinsel.
Schon fallen Politiker vom Himmel,
getarnt als leuchtende Colaflaschen,
begleitet von euphorischen Medienwächtern,
direkt auf einen Balkon,
jetzt hören sie ab mein Telefon, und was macht das schon?
Tja, vieles ist lächerlich, aber alles ist lächerlich,
wenn man auf einer Verkehrsinsel lebt.
Um mich die Personen wie Maden.
Und sie wirken behindert und betäubt,
dabei zerfressen von ihren eigenen Vorstellungen,
ihre Gedanken sind ohne Kontur.
Sie sind festgekettet, festgeklebt, festgesetzt.
Treiben auf der Müllkippe Deutschland und reden vom Wetter,
und starren dabei leer ins Nichts,
von der Klimakatastrophe zum Klimawandel
zum Wetter von morgen.
Sie lungern weiter herum.
Bis zur nächsten Welle.
Bis zur nächsten Unterhaltung!
Bis zur nächsten Katastrophe!
Bis zum nächsten: Von allem ein bisschen!
Und rufen dann verwundert aus:
Ja, hat das Herumlaufen in der Außenwelt
mich etwa impotent gemacht?
Das kann man sich doch sparen,
diese Mischung aus Reizüberflutung und Autismus.
Kündigt eure Jobs!
Verlasst die Unis!
Verlasst die Schulen,
lasst euch scheiden,

haut ab von Zuhause
und lebt auf Verkehrsinseln.
Denn was morgens noch Vision ist,
wird mittags bereits als Gegenwart verhandelt
und ist abends längst Geschichte.

schwabinger krawall:
fremd im eigenen haus

michael sailer

Sie kenne bald überhaupt niemanden mehr, sagt Frau Hammler. Dann habe sie wohl den Alzheimer, grummelt ihr Mann
und versenkt seinen Kopf wieder im Wirtschaftsteil, weil er
ahnt, dass das Thema damit noch lange nicht erledigt sein
wird. Und das, sagt Frau Hammler und reißt das Küchenfenster auf, sei auch nicht mehr auszuhalten. Von draußen dringt
Lastwagenlärm, Geschrei und Gepolter herein. Wenn es den
Leuten hier nicht gefalle, sagt sie, dann sollten sie halt gar nicht
erst herziehen, sondern gleich dort bleiben, wo sie sind, statt
jeden Ersten und Fünfzehnten diesen fürchterlichen Umzugs-
spektakel zu veranstalten. Man wisse so etwas ja vorher nicht,
beschwichtigt ihr Mann und legt die Zeitung beiseite, weil er
sich sowieso nicht mehr konzentrieren kann. Und außerdem
seien dies Zeiten, wo man flexibel und mobil sein müsse, weil
es einen Arbeitsmarkt gebe, und da könne sich niemand aussuchen, wohin er vermittelt werde. Sie, sagt Frau Hammler
mit einem leisen Stöhnen, kenne jedenfalls niemanden mehr
von den Leuten, die sie auf der Straße und beim Einkaufen
treffe, und schon langsam fühle sie sich selber ganz fremd.

   Als das Stöhnen nicht aufhört, wird es Herrn Hammler zu
viel. Über hundert Gebäude allein in dieser Straße, die Quer-
straßen und Hinterhäuser und so weiter gar nicht mitgerech-
net, brüllt er, das seien ja Heerscharen von Leuten, die sie da

angeblich gekannt habe früher, da solle sie doch froh sein, wenn es ein paar weniger werden, deren Namen sie im Kopf behalten müsse, weil sie sonst noch narrischer werde. Frau Hammler schreit, man müsse ja nicht jeden kennen, aber der Mensch brauche zumindest ein paar vertraute Gesichter; außerdem habe sie das ewige »Tschüssi« und »Schöntagnoch« satt, mit dem man heutzutage aus jedem Laden hinauskomplimentiert werde, und sowieso brauche er gar nicht reden, weil er sich schließlich schon immer aufrege, wenn jedes Jahr die Japaner daherkommen und alles fotografieren. Das sei auch etwas vollkommen anderes, tobt Herr Hammler, und im Übrigen habe er grundsätzlich gar nichts gegen Japaner, auch nicht gegen islamistische Gemüsehändler, griechische Krachkneipen, preußische Porschedeppen und amerikanische Wahnsinnige, die sich Bier über den Kopf schütten und Brezen hineintunken, sondern er wolle lediglich seine Ruhe.

Als Frau Hammler am nächsten Tag im Treppenhaus schon wieder zwei jungen Leuten begegnet, die sie noch nie gesehen hat und die sie nicht mit »Grüß Gott« grüßen, sondern mit »Hey« und »Na?«, beschließt sie zu handeln. Sie packt ein paar von Weihnachten übriggebliebene Plätzchen in eine Büchse, durchstreift das Treppenhaus und klingelt bei dem ersten Schild, auf dem ein Name steht, den sie nicht kennt. Eine junge Frau, nur mit einem langen Hemd bekleidet, öffnet und schaut sie sehr verschlafen an. Frau Hammler überreicht ihr die Dose und erklärt, sie heiße Hammler und wohne im ersten Stock, mit ihrem Mann, seit bald fünfundzwanzig Jahren, nämlich seit sie aus der Schellingstraße hergezogen seien, nachdem die Kinder aus dem Haus waren, also die Monika, die inzwischen ja nach Starnberg geheiratet habe, und der Oliver, von dem sie leider so selten etwas höre, also sie und ihr Mann, der wegen dieser Rückengeschichte seit sieben Jahren in Frührente sei und als Hausmeister sowieso nicht gerade viel verdient habe, und jetzt werde Jahr für Jahr die Miete teurer, aber sie wolle sich ja nicht beschweren, schließlich habe es die alte Frau Reibeis im vierten Stock viel schwerer, seit die Betriebsrente von ihrem Mann ausgelaufen sei, der wiederum schon 1972 an einem Gehirnschlag gestorben sei, beim Autoputzen, obwohl der DKW ja ein Firmenwagen gewesen sei, ein Arbeitsunfall mithin und ein vollkommen unsinniger Tod, wohingegen sie selbst sich seit Jahr und Tag gesund ernähre und nur einmal in der Woche ein Fleisch auf den Tisch bringe, auch wenn ihr Mann herummeckere, was der sowieso die ganze Zeit tue, seit er nicht mehr arbeiten könne und es mit der Bandscheibe habe, weshalb sie übrigens auch aus dem vierten Stock heruntergezogen seien in die Wohnung, in der früher der Herr Raeder gewohnt habe, der alte Saufaus, der seit seiner Pensionierung den ganzen Tag im Keller verbracht und angeblich geschreinert habe, in Wirklichkeit aber bloß seinen Weinvorrat leergesoffen habe und dann im Treppenhaus herumstrawanzt sei und Gespenster gesehen habe, bis ihn eines Tages der Schlag getroffen und ihr Mann ihn beim Kartoffelnholen auf der Kellertreppe gefunden habe, zum Glück, weil er wegen seiner Unausstehlichkeit nie Besuch und auch keine Post bekommen habe und wahrscheinlich monatelang tot in der Wohnung gelegen wäre, die man dann jetzt ganz sicher nicht mehr bewohnen könnte wegen dem Gestank, wohingegen sie, seit sie den neuen Orangenreiniger benutze, praktisch immer eine gute Luft in der Wohnung habe, selbst wenn sie Linsensuppe koche, die ihr Mann ja so gerne esse, die er aber gar nicht recht vertrage mit seinem Darm, wohingegen sie damit keine Probleme habe, ihr aber an Linsen gar nichts liege, und jetzt müsse sie aber gehen, weil sie noch …

Die junge Frau zieht einen Ohrenstöpsel aus dem Ohr und sagt, um was auch immer es hier gehe, es gehe sie nichts an, weil sie nur ausnahmsweise in der Bude übernachtet habe und der Kerl, der da wohne, ein ausgemachtes Arschloch sei, bei dem sie sich alles vorstellen, auf den sie aber sicher nicht noch mal reinfallen werde, zumal er wegen seinem Scheißpraktikum nie Zeit habe und am Monatsende ein neues Praktikum in Dinslaken anfange, und ihr sei das alles egal und sie stelle ihm diese Dose gerne auf den Tisch und wolle jetzt aber bitte danke in Ruhe ausschlafen.

Diese jungen Leute heutzutage, sagt Frau Hammler zu ihrem Mann, seien schon komisch, aber vielleicht werde sie auch langsam alt, jedenfalls sollten ihr die den Buckel hinunterrutschen, und alle anderen am besten auch, weil sie sich doch nicht zum Narren mache. Ihr Mann grummelt etwas Unverständliches, blättert den Sportteil um und schweigt.

kehraus

uli hannemann

Ich bin zurzeit damit beschäftigt, mein Leben wegzuschmeißen, denn der gängige Mechanismus zwingt mich zum Umzug: Ausgerechnet mir, der Speerspitze der Gentrifizierung hier, fällt die selbst herbeigeführte Entwicklung nun schwer auf die Füße. Erst habe ich Neukölln fast im Alleingang hip gemacht und jetzt kann ich mir eben deshalb die Bude nicht mehr leisten. Vor der Tür scharren schon die Spanier ungeduldig mit den Füßen wie Kampfstiere in einer Arena des globalisierten Wohnungsmarktes.

Doch warum nicht auch mal das Positive sehen? Ich werde mich gehörig verschlanken. Was für eine hervorragende Gelegenheit, sich vom unnötigen Ballast von Jahren zu trennen: Erinnerungen, Zeug, überflüssige Beweisstücke einer überflüssigen Vergangenheit.

Schlechte Platten, schlechte CDs, schlechte Bücher. Nie gehört und nie gelesen – das würde ich gerne behaupten, doch leider stimmt es nicht. Beim Aussortieren schäme ich mich ganz alleine vor mich hin. Unglaublich viele T-Shirts mit unglaublich lustigen Aufdrucken. Tinnef formte diesen wunderschönen Haushalt. Bundesligasonderhefte aus Zeiten, als die Spieler noch Schnauzbart, Vokuhila sowie eine Art Hot Pants in den Vereinsfarben trugen. Ab in die Tonne! Ich hätte nie gedacht, dass die Redewendung »Das eigene Leben wegwerfen«

eine derart konstruktive Bedeutung annehmen kann. Fast ist mir, als mache ich den Weg frei für meine Wiedergeburt. Und zwar mindestens zwei Kasten höher.

Oder zumindest mehrere Kisten leichter. Die Riesenschachtel voll mit alten Fotos: Ich. Dings. Ich mit Dings. Ich mit Dings, Dings und Dings. Ich in Dings. Ich mit Dings in Dings. Ich mit Dings und Dings in Dings. Neunzehnhundertdings. Vorbei, kann weg. Noch schlimmer die katastrophalen Dokumente meines früheren Aussehens. Wenn man diesen absurden Phänotypverschnitt aus debilem Kleinkriminellen, Schorfmull und Hampelmann denn überhaupt als »Aussehen« bezeichnen möchte. Ich glaube, ich gehöre zu dem raren Typ, der kurz vor scheintot besser aussieht als in jung. Wenn die Tendenz so weitergeht, bin ich in wenigen hundert Jahren der schönste Mensch der Welt. Gleich nach Klärung der Frage »Papier- oder Sondermüll?«: Weg mit den Horrorbildern!

Alte Miet- und Arbeitsverträge. Die erste Wohnung für achtundneunzig Mark im Monat. Kaputter Kachelofen, fließend kaltes Wasser und Klo auf der Treppe. Bin ich ein Archiv für das Wohnelend während des Kalten Kriegs? Bin ich nicht. Weg damit!

Nicht zuzuordnende Kabel, Anschlüsse und Adapter. Prähistorische Handys und Ladegeräte. Kaputte Drucker. Stapel von mit Speisen und Getränken unbrauchbar gemachten Tastaturen. Zu welchem Zweck habe ich die denn gehortet? Hatte ich geglaubt, die würden eines Tages auf einmal von selber wieder funktionieren und ich könnte einen schwunghaften Handel mit gebrauchten Keyboards aufnehmen? Keine Ahnung. Aber die orangefarbene Tonne im Hof wird sich über Futter freuen.

Die Fundstücke werden immer peinlicher. Irgendwelche fremden Menschen haben irgendwas über mich geschrieben. Hab ich das ganze Zeug tatsächlich ausgeschnitten und gesammelt? Weil, wenn irgendwelche fremden Menschen sich eine solche Mühe gegeben haben, es ja nur sehr wichtig sein kann? Oh Mann, eine Persönlichkeit wie frisch aus der Hundeschule. Entsorgen kann so kathartisch sein.

Aktenordner mit uralten, irre schlechten Texten. Da waren ja die T-Shirts fast noch origineller. Ich glaube, die Piraten haben doch recht: Autoren gehören enteignet, entmündigt und eingesperrt. Ich zerreiße den Kram, bevor ich ihn in große, blaue Müllsäcke stopfe. Wenn die Regale am Ende leer sind, haue ich sie zusammen mit den anderen »Möbeln« weg. Es ist Kehraus.

gentrivacations

maik martschinkowksy

Morgenstund

Das Kapital ist heute früh erwacht,
Hat schon allerhand gemacht.
Vorne wird gebaggert,
Um mehr Wohnraum anzubieten,
Rechts wird gebohrt,
Um die Löcher zu vermieten,
Hinten wird geschliffen
Für glattere Renditen.
Links wird gehämmert
Mit schlagenden Profiten.
Es wird gebaggert, gebohrt, geschliffen, gehämmert.
Ich stehe auf, denn langsam dämmert
Grau der Morgen und mit ihm mir,
Dass ich mich längst nicht mehr rentier.

Mein Freund Sebastian und ich stehen in Badehose, Flipflops
Sonnenbrille und Sonnenhut, jeder ein Handtuch unter dem
Arm, vor einem Bauzaun. Daran hängt ein Schild: »Unbe-
fugten ist das Betreten der Baustelle untersagt.«

»Die Strandbar, die du meintest, heißt nicht zufällig *Baustelle*?«, frage ich.

Sebastian schüttelt den Kopf. »Nee. Und da standen auch keine Kräne. Glaub ich.«

Eine Weile beobachten wir die Baukräne, wie sie sich drehen und Seile bewegen, an denen nichts hängt. Ich schaue wieder zu Sebastian: »Und jetzt?«

»Na ja«, sagt Sebastian. »Lass ma' woanders hingehen.«

»Nein. Nein, nein, nein. Dann würden wir denen ja recht geben! Nee nee, wir gehen da jetzt rein und machen Wellness. Wie geplant«, sage ich kämpferisch.

Sebastians Sonnenbrille wandert langsam zu mir und blickt mich einige Zeit stylisch an. Dann sagt er: »Hm. Weiß nich'.«

»Doch. Doch. Doch. Und, ich wiederhole: Doch! Wenn wir jetzt einfach gehen, denken die, die könnten das immer so machen. Das ist wie mit den bösen Jungs in der Schule. Wenn sich jemand nicht gewehrt hat, dachten wir immer ›Mit dem kann man's ja machen!‹«

Sebastian seufzt. »Ja. Hast schon recht.« Er strafft sich: »Äh ... Vive la plage!«

»Wusst ich doch, dass du mehr Ähnlichkeit mit Napoleon hast als nur die Größe. Also Marsch!«

Wir schieben das Gitter zur Seite und schlendern hindurch. Nach ein paar Metern stehen wir im Schlamm. Vor uns klafft ein riesiges Loch, aus dem Stahlstreben emporragen.

»Na ja«, sage ich, »wenn man Wasser rein macht ...«

Plötzlich taucht ein Mann mit Helm neben uns auf.

»AH«, brüllt Sebastian, »GUTEN TAG! WIR HÄTTEN GERN ZWEI PINA COLADA!«

»Sebastian, warum schreist du denn so?«, frage ich.

Er beugt sich mit vorgehaltener Hand zu mir: »Hab mal gehört, dass Bauarbeiter sich immer anschreien.«

»Ach so.«

Der Bauarbeiter mustert uns von oben bis unten und grinst. »Na, ihr habt euch wohl verloofen, wa?!«

Ich werfe mich in die Brust: »Nein, mein Herr. Ich glaube, SIE haben sich verlaufen!«

»Wat?«

»Ach so. NEIN, MEIN HERR. ICH GLAUBE, SIE HABEN SICH VERLAUFEN!«

»Wat schrein Se denn so?«

Ich schaue Hilfe suchend zu Sebastian. Der nimmt sein Handtuch, lässt es kurz bedeutungsschwanger im Wind flattern, und breitet es dann auf dem Schlamm aus »Wir sind hier und wir sind lau! Vive la plage!« Dann schmeißt er sich auf das Handtuch. Es schmatzt und Sebastian bekommt niedliche Schlammsprenkel im Gesicht.

»Äh ... genau! Vive la plage!«, rufe ich und werfe mich neben Sebastian in den Schlamm, ohne Handtuch.

Der Bauarbeiter verschränkt die Arme vor der Brust und schaut auf uns herab. »Na ihr seid ja zwee komische Vögel.«

»Zahme Vögel träumen von Freiheit!«, ruft Sebastian.

»Wilde Vögel fliegen!«, rufe ich und füge hinzu. »Betrachten Sie diese Baustelle als besetzt!«

»Wenn nicht sogar sabotiert!«, ergänzt Sebastian.

Der Bauarbeiter lacht väterlich. »Na, wie ick noch nich inne Jewerkschaft war, hab ick so wat ooch manchmal jemacht. – Steht ma uff, Jungs. Ick will euch ma wat zeigen.«

»Niemals!«, ruft Sebastian.

»Das ist jetzt unser neuer Lebensdings...raum!«, rufe ich und ziehe einen zerknüllten Werbeprospekt aus dem Schlamm. »Ich habe sogar schon Post bekommen! Also wohne ich hier ganz offiziell!«

Der Bauarbeiter schüttelt wieder lächelnd den Kopf. Dann stößt er einen schrillen Pfiff aus, woraufhin sich zwei Kräne in Bewegung setzen. Stoisch verfolgen wir, wie sich zwei Haken langsam herabsenken. Mit geübtem Handgriff befestigt der Bauarbeiter sie an unseren Badehosen. Wir ziehen eine kompromisslose Miene. Plötzlich wird Sebastian nach oben gerissen und schwebt mit wedelnden Armen über der Grube, als auch ich mit einem schmatzenden Geräusch aus dem Schlamm gezogen werde. Der Bauarbeiter winkt uns hinterher und wird immer kleiner. Ich halte mir die Augen zu und singe: »Keiner zwingt die Kommune zu Willen! Links! Links! Links! Keiner zwingt die Kommune zu W...« Plötzlich merke ich wieder Boden unter den Füßen.

Als ich die Augen öffne, sehe ich Sebastian, wie er mit aufgerissenem Mund zum Ufer starrt.

Dort ist ein Streifen weißer, feiner Sand aufgeschüttet, in dem Liegestühle zwischen Palmen und Sonnenschirmen mit Gewerkschaftslogos stehen. In den Stühlen lungern braungebrannte Bauarbeiter mit Sonnenbrillen und Cocktails in der Hand. Unter ihnen sind auch einige SenatsmitgliederInnen, die Helme tragen, an deren Seiten Bierdosen befestigt sind. Es riecht nach Bratwurst, und leise klingt Minimal Techno im Hintergrund.

Einige Zeit starren wir fassungslos auf die Szenerie. Dann taucht plötzlich wieder der Bauarbeiter von vorher vor uns auf. »Na, da kiekter, wa. – Aber jetzt habter ooch jenuch jekiekt.«

Irgendwo klackt es mechanisch, und mit einem blubbernden Geräusch wird es nass an unseren Füßen. Als wir nach unten schauen, sehen wir, wie unsere Knöchel von Beton umspült werden. »Be Berlin!«, sagt der Bauarbeiter und prostet uns noch einmal zu, bevor sich ein riesiger Betonkübel über uns ergießt.

der keller

jess jochimsen

Warum ich nicht von Gentrifizierung sprechen möchte?

Das rührt wahrscheinlich noch von der Zeit her, als ich im Keller gelebt hab. Habe ich nämlich mal, weil sich's so ergeben hat. »Billige, geräumige Wohnung im Souterrain«. War aber Keller. Absolut. Ein Sinnbild.

Kennen Sie diesen dänischen Schriftsteller? Der nur Kurzgeschichten schreibt? Oder ist er Norweger? Egal. Von dem gibt's eine Geschichte, die beginnt so: »Ich wohne im Keller; das ist in jeder Hinsicht ein Ergebnis des Umstandes, dass es mit mir bergab gegangen ist.«

Habe ich manchmal kokettiert damit. Aber ehrlich gesagt, war es gar nicht so schlimm. Die hatte ja auch Fenster, die Wohnung. Direkt zum Bürgersteig raus, wo die Leute entlangliefen. Man sah sie halt nicht komplett. Tagein, tagaus immer nur Beine und Unterleiber. Das ist nicht so verkehrt. Wenn man eine Zeitlang Menschen nicht ganz sieht. Nur im Ausschnitt. Im Detail. Arme und Köpfe sind ohnehin ... überbewertet.

Das entsteht von ganz allein, glauben Sie mir. So ein Keller regt die Fantasie an. Schult die Wahrnehmung. Ich wusste nach einigen Wochen schon ganz genau, wie die Oberkörper, Arme und Gesichter von den Beinen, die an meinem Küchenfenster vorbeigingen, aussahen.

Ich hab das sogar überprüft, gelegentlich. Wenn sich wieder – was weiß ich denn – ein Paar besonders ausgelatschter Treter vorüberschleppte, mit argen Ringelsocken und einer eng anliegenden, speckigen Jeans drüber, die die Hoden quetscht – das habe ich ja ganz genau sehen können –, da bin ich dann manchmal schnell hoch, um das Gesamtbild zu betrachten. Das hat schon meistens mit dem übereingestimmt, was ich mir vorher ausgemalt hatte.

Oft ist es gut, man sieht nur Teile. Und unten definitiv besser als oben.

Drei Jahre habe ich im Keller gewohnt. Drei Jahre lang Underground-Catwalk. Modenschau für Discounterware. Ein groteskes Defilee aus abgebrochenen Stöckelschuhen und beigen Slippern, aus billigen Röcken, schlimmen kurzen Hosen, offenen Knien, verrutschten Schlüpfern.

Und Hunde natürlich: alle Arten von Hunden. Jegliche Rasse. Und die Hunde immer ganz. Klar. Weil für die war der Fensterausschnitt exakt passend. Selbst so ein hüfthoher Dobermann passte genau in mein Blickfeld.

Die wirkten riesig. Bedrohlich, fast. Das ist ... so ein Verzerrungseffekt. Wenn du den Hund ganz siehst, aber nur ein halbes Herrchen, da kommen einem die Viecher viel größer vor als in echt. Und die sind ja auch ganz nah an die Scheibe ran, haben geschnüffelt und geglotzt. Das war wie eine Tiersendung im Fernsehen. Besser sogar – und gerechter, schließlich konnten die Hunde mich auch sehen.

Wenn so ein Tierfilm gedreht wird, sieht der Hund ja nur die Kamera. Da kommt nichts zurück. Da war mein Kellerfenster schon was anderes. Mehr ein Tauschgeschäft: Ich betrachtete den Hund beim Gassigehen und er schaute mir beim Frühstücken zu.

Zu der Zeit habe ich so oft Fenster geputzt wie nie.

Natürlich auch deswegen, weil die Hunde ab und an ihr Geschäft erledigt haben in meinem Sichtfeld. Das ist schon bizarr, wenn du dir gerade ein Butterbrot schmierst und so ein Schäferhund pisst dir gegen die Scheibe. Aber das ist ihre Natur. Und die wird in den Tierfilmen gerne ausgespart.

Die Freundin fand's abstoßend. Verständlich. Frauen sind da oft empfindsamer. Die wollen Natur eher lieblich. So als dekorative Beigabe beim Spaziergang und nicht am Küchenfenster.

Aber die Freundin hat sich ohnehin an der Gesamtsituation gestört. Nicht nur an den Hunden, sondern an der Kellerwohnung und überhaupt. Wir haben viel gestritten, von wegen »so kann das nicht weitergehen« und umziehen und sogar zusammenziehen.

Wollte ich aber nicht.

»Was ist so falsch an der Wohnung?«, habe ich sie gefragt. »Wir sind noch zu jung für ein gemeinsames Nest. Und wenn's dir bei mir nicht gefällt, können wir immer noch zu dir gehen oder ins Hotel.«

Sie hat dann all die Sachen gesagt, die man so sagt in einer Beziehung, von wegen Veränderung und später auch mal Familie, vielleicht. Aber ich hab nicht lockergelassen, weil mit »vielleicht« kann ich nichts anfangen und später kommt noch früh genug und sie soll mir Gründe nennen, habe ich gesagt, Gründe, die über das übliche Gerede hinausgehen, die das Spießige hinter sich lassen. Momentan ist das nicht verkehrt, ich im Keller und sie im zweiten Stock, habe ich gesagt, und das Leben steht uns offen. Was spricht dagegen? Gibt es Gründe, Schatz? Nenn mir einen Grund.

Da hat sie nachgedacht. Und ich hab gemerkt, dass sie das mit uns ernst nimmt, weil sie sich auf diese Diskussion eingelassen hat. Sie saß in meiner Küche und draußen liefen die Hunde vorbei, und sie hat wirklich überlegt. Ernsthaft.

Guckt sie also ewig in meinem Keller rum und denkt nach ... und dann hat sie ganz leise gesagt:

»Du wirst nie deinen Fernseher aus dem Fenster schmeißen können.«

Das hat mich überzeugt. Dieser eine Satz – das war ein Versprechen, eine Liebeserklärung. Voller Zuversicht.

Da bin ich ausgezogen aus meinem Keller, zu ihr, in den zweiten Stock.

Aber schon nach ein paar Wochen ... es hat nicht gereicht. Das haben wir beide schnell gemerkt.

Ein Grund reicht nicht.

Für mich war das wahrscheinlich noch schwieriger als für sie.

Weil ich nicht mehr zurückkonnte in mein altes Leben. Oder wollte. So ein Zurückrudern ins Vertraute, das muss man ja auch rechtfertigen können – vor sich selber. Das konnte ich nicht. Und mein Keller war schon längst wieder vermietet, und eine vergleichbare Bleibe habe ich nicht gefunden.

Es nimmt dich keiner ernst, wenn du inserierst: »Suche billige Kellerwohnung. Fensterhöhe maximal ein Meter über Bodenniveau.« Das geht nicht. Wie schaut das denn aus?

Die Freundin ist dann ausgezogen und ich bin regelrecht abgestürzt. Schon seltsam: Erst als ich raus bin aus dem Keller, als ich hoch bin, ging's bergab mit mir.

Ich hab mich erst mal eingeigelt für eine lange Weile. Dass sich das Viertel, in dem ich lebte, währenddessen zu einem

»besseren« Viertel entwickelte, hab ich gar nicht mitgekriegt, weil ich so mit mir beschäftigt war.

*

Das mit dem Fernseher habe ich aber gemacht. Später natürlich.

Weil: Ad hoc geht das nicht, so etwas lässt sich nicht planen. Du kannst nicht in deinen Kalender eintragen: »Dienstag: Fernseher aus dem Fenster schmeißen.« Da braucht es schon eine Wut dafür. Einen Impuls. Zumindest: niedere Beweggründe.

Ein Mörder plant ja auch nicht: »Am Fünfundzwanzigsten erschlage ich meinen Vater im Affekt.«

Nein, der nimmt sich das vor und wartet auf den Impuls.

Bei den meisten Menschen bleibt es ein Leben lang beim Vorsatz. Das ist ein zivilisatorischer Fortschritt, das systematische Unterdrücken des Impulses. Oder eben: dessen behutsame Überführung in eine Phase der Plan- und Machbarkeit.

Muss ja kein Mord sein. Kann auch ... ein Hausbau oder eine Hochzeit sein. Es ist gut, dass so etwas Zeit braucht, damit man alle Unwägbarkeiten sauber ausloten kann. Mit Impulsen ist das so eine Sache.

So wie bei mir und dem Fernseher. Ich habe mir das schon fest vorgenommen, den aus dem Fenster zu schmeißen, schließlich war das ein Traum, ein Zukunftsversprechen, aber das Impulsive wollte sich nicht recht einstellen.

Da wiegt die Frage schwer: Wann ist es gerechtfertigt, ein solches Versprechen einzulösen? Wann ist das Fernsehprogramm schlecht genug?

Und in dieses Rockstar-Gehabe wollte ich auch nicht hinein, wo das tägliche Routine ist, den TV aus dem Hotel zu werfen, so was kann man ja trainieren, aber Routine ist der Tod jeden Versprechens. Ich wollte, dass sich das richtig anfühlt, wollte eine Wut, eine echte, eine unsagbare, nicht mehr zu kontrollierende Wut, damit Plan und Impuls zusammenfallen und eine Befreiung möglich wird ...

Es ist schon bezeichnend, dass ich mein Vorhaben in dem Moment in die Tat umgesetzt habe, als der Fernseher kaputtging.

Mitten in einem Tierfilm gab der den Geist auf. Da bin ich so wütend geworden ... da konnte ich mir regelrecht zugucken dabei: Jetzt ist es so weit, jetzt raste ich aus, jetzt tue ich etwas Unerhörtes. Ein überwältigend starkes Gefühl: Da war mir das völlig wurscht, dass das Gerät defekt war, niedere Beweggründe sind besser als gar keine. Das ist das Schöne am Impuls, dass man von Sinnen ist, dass Unsinn und Sinn eins werden.

Blind vor Wut, in einer wirklichen Raserei hab ich den Fernseher gepackt und bin los – aber bis zum Fenster bin ich gar nicht gekommen, weil der noch verkabelt war, der Fernseher, und die haben extrem gut gehalten, die Kabel, die hatten so eine Sicherheitsverschraubung und ließen sich nicht so einfach aus ihren Buchsen reißen. Es war, als ob die nicht nur den Fernseher, sondern auch mich zurückhalten wollten: »Überleg's dir noch mal, mein Freund! Was sollen die Leute denken?« Aber das hat mich nur umso wütender gemacht. »So redet ihr nicht mit mir, Kabel, so nicht! Ihr seid nutzlose Verbindungen zu einer Welt, die ich im Begriff bin, hinter mir zu lassen.«

Und die Wut flaute nicht ab, im Gegenteil, die wurde sogar noch größer, die hat mich getragen, die ganze Zeit über, während der ich die Kabel sauber rausgeschraubt und in den gelben Sack geschmissen habe. Das Gefühl ließ mich nicht im Stich, auch nicht, als ich den Fernseher in Richtung Fenster wuchtete und völlig unterschätzt hab, wie viel der wog, mehrmals absetzen musste ich den und hochhieven und mühsam auf die Unterkante des Fensterrahmens schieben. Aber das Gefühl hielt – noch als der Fernseher kippelig auf dem Fensterbrett stand und ich schweißgebadet kurz verschnaufen musste, war das gute Gefühl da.

Erst als ich merkte, dass ich den nie und nimmer werfen kann, ließ das langsam nach. Als ich dem Fernseher einen kleinen Schubs gab, einen letzten Impuls, und als der auch gar nicht richtig flog, sondern fast schon lächerlich über die Kante kippte und wie von allein, direkt an der Hauswand entlang runterplumpste und mit einem leisen Plopp in den Rabatten landete, kam ich wieder zu mir.

Das hat nicht funktioniert. Ich hatte ja mehr ein Bersten im Sinn, ein Zerschellen in tausend Stücke. Wie man sich eine Läuterung eben vorstellt – als etwas Krachendes. Aber praktisch: nichts. Man unterschätzt die Vorgartenbepflanzung.

Wäre der Fernseher nicht vorher ohnehin schon kaputt gewesen, wäre er möglicherweise sogar heil geblieben.

Haben selbst die Männer von der Entsorgung gesagt. Ich hab den Fernseher ja nach dem Fenstersturz umgehend auf den Recyclinghof gebracht. Damit niemand was merkt.

»Der schaut aber noch recht gut aus«, haben die gesagt, als sie den gesehen haben.

»Ja«, habe ich da gesagt, »ja.«

Aber geschämt habe ich mich nicht.

Die Scham kam erst später, als ich in ein Geschäft gegangen bin, um mir einen neuen Fernseher zu kaufen.

steinkauz, kuh und du

sebastian 23

Vom klugen Max Goldt ist überliefert, dass man keine Auf-
tragstexte über Weihnachten schreiben soll. Vermutlich, weil
einem sonst von Seiten des Feuilletons die Testikel perforiert
werden. Dann kann man seine Autorenkarriere knicken wie
Raver Phosphorstäbchen und man ist genötigt, sich zeitnah
einen Job als »Haben Sie ein Ticket, das sie nicht mehr brauchen?« zu suchen.

Vor dieser Gefahr bin ich gefeit, denn niemand wagt es, einen aufstrebenden Emporkömmling wie mich um adventöse
Erörterungen zu ersuchen.

Hingegen ist auch ein genuiner Dichterfürst mit einem Ma-
gistertitel in Selbstbeweihräucherung nicht davor gefeit, dass
Volker Surmann und Sebastian Lehmann anfragen, ob man
nicht einen Beitrag für ein anthologisches Œuvre zum Thema
»Gentrifizierung« verfassen möchte. Möglichst ohne redun-
dante Neologismen und aprosdoketische Fremdwörter.

Das, so dachte ich bei mir, ist die sonderbarste Einladung
seit mich die Naturschutzbund-Niederlassung Oldenburg ge-
beten hat, bei einer Benefizveranstaltung für bedrohte Stein-
käuze aufzutreten. True story. Da wird im Niedersächsischen
ein Greifvogel in Bedrängnis gebracht und in einer Krisensit-
zung beschließt man, zum äußersten Mittel zu greifen: Rufen
wir einen Dichter.

»Oh Gott, die Eule brennt!«

»Lassen Sie mich durch, ich bin Poet!«

Den feinen Herrn Surmann hatte ich ja eh schon auf der roten Liste, seit er mich gefragt hat, ob ich einen Beitrag für seinen Sammelband über schlechten Sex verfassen möchte. Damals lehnte ich mit der Begründung ab, dass ich nun wirklich keine Ahnung von dem Thema hätte. Das liegt übrigens nicht an meiner Opulenz untenrum, sondern daran, dass ich generell sexuell unbewandert bin. Ich bin Dichter und Philosoph und sehe es auch gar nicht ein, irgendwelche Körperteile in andere Leute hineinzuhalten. Aber ich schweife schon wieder ab wie ein Komet.

Itzo ist es also 2012, und man hätte gerne ein paar Worte zum Thema »Gentrifizierung« von mir, wenn es nicht zu viel verlangt ist – man bietet als Honorar eine Scheibe mittelalten Emmentaler und eine leicht defekte Jugendstil-Eieruhr aus der Steiermark. Da ich Hunger habe, willige ich ein.

Dabei habe ich in diesem Bereich kaum mehr Expertise als der Papst beim Anal Bleaching.

Ich bin nämlich auf dem Land aufgewachsen. Die einzige Gentrifizierung, die wir hatten, fand statt, wenn die Sonne tief stand. Um das zu erklären, muss ich ein bisschen ausholen ...

Auf dem Bauernhof unseres Nachbarn tummelten die Kühe über ihre Weide, am liebsten nahe der Hofmauer, wo der Leckstein angebracht war, ein etwa kinderschädelgroßer Salzklotz. Es herrschte ein reges Treiben, ein animalisches Durcheinander und manches »Muh« schallte durch die Ebene.

Aber dann kam der Abend, und die Scheune warf ihren Schatten auf die Weide. Die fröstelnden Eutertiere drängten sich dann bevorzugt auf dem schmalen Streifen Wiese, der davon nicht betroffen war, sondern sich weiterhin munter solarer Einwirkung erfreute.

Einige Paarhufer waren nun geborene Gewinnertypen und

hatten schon am Morgen ihre Badetücher dort ausgelegt. Andere punkteten mit physischer Überlegenheit, aber ich verkneife mir an dieser Stelle Wortspiele mit Bullies und Bullen.

Wieder andere hatten nicht so viel Glück, fanden sich unfreiwillig im Schatten wieder und schlabberten mit Zungen, so rau wie traurig, am Leckstein, den sie Günther nannten. Günther Leckstein. Das ist Kuh-Humor: Kuhmor.

Haha, bzw. Muhmuh.

Eines generösen Tages sollte sich jedoch alles ändern. Der Bauer hatte von seinem Gaumen den Auftrag erhalten, sich für Steak zu interessieren, also importierte er ein gerüttelt Scheffel spanische Angus-Rinder. Diese Fremden wurden bei ihrer Ankunft an Gate 7 von der Herde zuerst so misstrauisch beäugt, wie man das mit Kuhaugen hinkriegt. Also gar nicht. Aber das ist für den dramatischen Effekt egal.

Als nämlich der Abend hereinbrach, stellten die Kühe erstaunt fest, dass den spanischen Touristenrindern die Sonne wurstegal war. Sie standen weiter vor dem Leckstein Schlange, weil sie fanden, dass der gut aufgelegt und überhaupt urbanen Spirit verbreitet.

Es dauerte nicht lang, da hatte das erste Rind im Schatten eine Street-Art-Galerie eröffnet und zur Vernissage Smoothies, BubbleTea und Rhababerschorle verschenkt. Ein anderes Rind räumte ein von Frei-Eutern besetztes Haus und renovierte daraus einen hochmodernen Palast mit dungteuren Eigentumswohnungen. Dagegen protestierten natürlich die Ureinwohner und organisierten eine Sitzblockade. Es herrschte Aufruhr auf dem Hof, und manch wütendes Wort fiel in die Melkmaschine hinein.

Dann kam der dritte Weltkrieg, und endlich hatten alle wieder richtige Probleme.

no gentle gentry

udo tiffert

aufgehende Sonne
Wenn ein Ort bestellt,
beschenkt, erprobt, erblüht, erwachsen &
der Zauber DASEIN
pulst

kommen die Abstauber,
Diebe, Schmeißfliegen, Epigonen &
das DIN-Normen-Gesocks

untergehende Sonne
öffnen ihre Münder & ihr Gestank & ihre Macht
frieren den tätigen Vulkan ein
starr

unruhige Nacht
die Glut im Erdreich
sehnt & findet bald den
neuen Weg

galerie im haus

frank sorge

»Hallo?«

»Guten Tag, Herr Sorge, ich bin Ihr neuer Vermieter.«

Ich legte auf. Und rief zurück.

»Tut mir leid, die Tasten sind sehr empfindlich. Worum geht es denn?«

»Es wird sich einiges verändern und ich spreche gerade mit allen Mietern darüber. Unten wird ja schon gebaut, wie Sie bemerkt haben werden. Es kommt eine Galerie hinein, und saniert wird dann auch bald. Alles Weitere später.«

Bald saßen wir also in meiner Küche, sein kleiner Hund schnüffelte in den Ecken. Die Lage war klar: Man wurde sich einig oder man wurde sich einig. Er schilderte die Zukunft des Hauses, dann fragte er nach meiner.

»Ich sehe da ein Haus am Meer. Einen großen Garten und Palmen.«

»Also planen Sie einen Umzug?«

»Ja, mit allem Drumherum und Brimborium. Aber nicht sofort.«

»Und in einem halben Jahr?«

»So schnell? Da müsste noch eine Menge erledigt werden, einen umfangreichen Lebensabschnitt schließt man nicht so ohne Weiteres ab.«

»Das Leid sollte natürlich möglichst gering gehalten werden.«

»Ja, in Zeiten der Trauer sollte man sich nichts versagen.«

In mein Haus zog also eine New Yorker Galerie ein. Eine erste Vernissage und Party wurde schon bald im Provisorium gefeiert, ich erkannte einen Klassenkameraden der Neuköllner Grundschule hinter dem Tresen der Bar im Hof. Über ihm drehte sich eine Discokugel. War Berlin doch ein Dorf? War die ganze Welt ein Dorf? Wollte irgendwer wirklich im Dorf leben?

Mein neuer Vermieter dozierte für die Besucher am Mikrofon über die Geschichte des Rosenthaler Platzes, es gab Freigetränke. Außerdem gab es Menschen mit gezuckerten Turmfrisuren, ich sah gesteppte Coco-Chanel-Taschen und einen angesagten DJ. Er stand vor der faulig zerbröselten Hauswand, eingerahmt von einer Lichterkette und fegte den Staub aus den Rillen. Bunte Brillen überall, ich war nicht rasiert.

Junge Stuttgarter mit Shorts und Rucksäcken schauten aus einer geräumten Wohnung auf den Hof und machten Fotos. Sie dokumentierten, wie es ging: Jahrzehntelang im Dornröschenschlaf, wurde das Haus jetzt mit Geld abgerammelt und mit neuen Fenstern und amerikanischen Einbauküchen geschmückt. Dann schlüpfte die Galerie und bezog wie ein goldäugiger Drache die aus dem Zahn gefressene Höhle.

Seit Wochen bohrten und hämmerten Bauarbeiter das Erdgeschoss auf, vorne und hinten, der Presslufthammer dröhnte in den Wänden und übertrug sich bis in den eigenen Kiefer, wo unangenehme Erinnerungen an den letzten Zahnarzttermin ausschwärmten. Das Haus hatte schwere Karies und bekam Implantate. Die Künstler frühstückten im Hof und der Efeu wurde abgerissen. Am Abend grüßte ich unsere Hofratte vom Fenster aus, die im Schutt nach einer neuen Bettdecke suchte. Tagsüber bekamen wir kaum Schlaf, weil wir im Zahnschmelz wohnten.

Mein liebstes Stadttier war immer die Ratte. Ratten waren

klug und unauffällig, außer nachts auf dem Alexanderplatz. Wenn ich dort spät aus dem Kino kam, konnte ich ihre nervöse Parallelgesellschaft studieren. Da war Ratten-Rush-Hour und ein großes Gewühle, alle stürmten mit ihren Aktentaschen hin und her und guckten grimmig zu den verstreuten Menschen, die ihrer Natur entgegen noch nicht im Bett waren und schliefen.

Die Ratten hier im Haus hingegen hatte ich jahrelang nicht gesehen. Sie wurden regelmäßig mit Gift bekämpft, waren aber wohl nie ganz verschwunden. Einmal hatte ich sie unter massiver Bedrohung gehört, als der Keller vor einiger Zeit mit Frischwasser geflutet war und der Wasserpegel weit über die eigenen Knie reichte. Da kreischten sie in den Rohren. Fiepfiepfiep.

Die Ratte unter meinem Fenster war aus einem offenen Kaminschacht gestolpert und schlenderte quer über den Hof Richtung Imbissküche. Vielleicht hatte sie den Tabak gerochen, sie guckte hoch zu mir, ich grüßte freundlich: »Hallo Genosse.«

Sie schätzte die Lage ein: War ich ein Greifvogel? Oder ein Spinner mit Luftgewehr? War ich betrunken, würde ich sie vielleicht anzeigen?

»Ich bin nicht einer von denen. Ich finde euch okay«, wisperte ich versöhnlich.

»Wenn wir Menschen weg sind, müsst ihr euch zwar auch erst mal umgucken, aber macht mal fleißig die Sachen weiter. Labyrinthe und so, du verstehst schon, versucht euch zu merken, wie nett das war. Die graue Vorzeit mit den Salamipizzen und Dönern, dem Internet und den Flugzeugen. Ist im Prinzip nicht so schwer, könnt ihr auch schaffen. Ich bau auf euch.«

Eine Bewegung im Fenster schräg gegenüber unterbrach mich. Sollte die Nachbarin herumerzählen, dass ich hier mit den Ratten flüsterte, würde ich im Gegenzug auch mal richtig auspacken. Vor allem was da an Hedonismus in ihrer Wohnung los war, während sie ein paar Monate im Ausland verweilte. Das wollte sie bestimmt alles gar nicht wissen.

»Ey, Ratte«, sie war schon ein Stück weitergelaufen, unter den Mülltonnen durch, »aber lasst bei der Massentierhaltung bitte die Affenartigen aus, sollten welche übrig bleiben. Das wäre mir noch so ein Anliegen.«

Die Ratte war hinter einigen Paletten verschwunden und wusste wahrscheinlich auch nicht, was der Typ von ihr wollte. Aber das war in Ordnung, fand ich, hatte ja wenig geschlafen, die Gute.

4. lost in gentrification

der benjamin

volker strübing

Vorspiel

Benjamin kam aus Stuttgart und war genauso alt wie ich. Ich hatte damals, um das Jahr 2000 herum, an der Humboldt-Universität einen Zettel ausgehängt, auf dem ich nach einem Mitbewohner für meine Zweizimmerwohnung suchte. Er hatte mich beobachtet.

»Mensch, du suchst'n Mitbewohner, das ist ja gei-jel! Ich glaub, du hast ihn gefunden!«, dröhnte er und schenkte mir ein Lächeln, für das jahrelange Dehnübungen unter Zuhilfenahme eines Kleiderbügels nötig gewesen sein müssen.

»Was ist denn das für eine Wohnung?«

»Naja, Altbau, Prenzlauer Berg, sonnig, zusammen siebzig Quadratmeter, Kachelofen ...«

»Kachelofen? Gei-jel! Die machen immer so ne angenehme Wärme, habe ich gehört.«

»Stimmt schon, aber leider muss man dazu erst mal Kohlen aus dem Keller holen.«

»Haha, Mensch, du hast echt Humor, wir werden uns bestimmt ganz toll verstehen. Ich bin übrigens der Benjamin.«

Als er die Wohnung besichtigte, kriegte er sich gar nicht wieder ein: »Mensch, das ist ja mal richtig geil! So total ostig.

Weißt du, in Stuttgart, da ist alles so geleckt, darum wusste ich auch: Ich muss raus aus dieser Spießerstadt. In den Osten. Hier ist alles noch so ursprünglich. Und die Leute sind einfach suuu-per-nett.«

Eine Woche später zog er ein.

Tag 1

An unserem ersten gemeinsamen Morgen weckte er mich: »Du tut mir leid, wenn ich dich wecke, aber wo ist denn die Kaffeemaschine?«

»Äh, Morgen, Benjamin. Welche Kaffeemaschine?«

»Wieso welche? Hast du mehrere? Also dann die mit Milchaufschäumer.«

»Ich habe überhaupt keine Kaffeemaschine.«

»Oh. Na, dann trink ich auf'm Weg zur Uni irgendwo 'nen Kaffee.«

»Ich kann dir ja einen aufbrühn.«

»Wie ... ach so ... du, das ist ja echt suuu-per-nett, aber lass mal!«

Am Abend kam er freudestrahlend nach Hause und stellte ein großes Paket auf den Küchentisch.

»Du guck mal, was ich gekauft habe, quasi mein WG-Einstand!«

Es war eine sündhaft teure Kaffeemaschine, mit der man Espresso, Milchkaffee, Cappuccino, Latte Machiato ... mit der man einfach alles machen konnte. Nur keinen richtigen Kaffee.

»Und jetzt mach ich uns 'nen richtig schönen Latte Macchiato.«

Der Milchkaffee war wirklich gut. Benjamin hatte sogar Kakao mitgebracht, zum Drüberstreuseln.

»Na? Schmeckt geil, oder?«

»Ja, echt lecker.«

»Du, sag mal, hast du was dagegen, wenn ich den Fußbodenbelag aus meinem Zimmer rausschmeiße? Der ist mir irgendwie zu spießig.«

»Äh, nö, mach nur.«

Tag 2

Mich weckte ohrenbetäubender Lärm. Es klang, als würde man ein Mikro an einen Zahnarztbohrer halten und das Signal über die PA einer gut ausgerüsteten Punkband jagen. Ich taumelte aus dem Bett und in den Flur. Das Geräusch hörte auf und zwei Männer mit Schutzbrillen kamen aus Benjamins Zimmer. Einer von ihnen trug ein T-Shirt mit dem Emblem der FDJ. Sie setzten die Brillen ab. Der mit dem FDJ-T-Shirt entpuppte sich als Benjamin.

»Ah, Guten Morgen! Du, ich hoffe, wir haben dich nicht geweckt.«

»Äh, na ja...«

»Na, dann ist ja gut. Du, das ist der Thorsten, der hilft mir beim Abschleifen der Dielen. Thorsten, das ist der Volker, mein Mitbewohner. Echt suuu-per-netter Typ! Wie wär's, wenn wir erst mal zusammen frühstücken? Es gibt frische Croissants und ... ich hab noch etwas ganz Besonderes besorgt!«

Er winkte uns in die Küche und hielt uns stolz ein Döschen Nudossi vor die Nasen.

»Das ist die Ostvariante von Nutella!«, erklärte er Thorsten. »Und du, das ist viel natürlicher als Nutella. Schmeckt einfach rich-tig gei-jel!«

Keine Ahnung, wie er darauf kam. Es war sicherlich nicht alles schlecht gewesen im Osten, aber Nudossi war es definitiv.

»Thorsten, für dich 'nen Latte? Und Volker, du auch? Oder lieber Cappuccino?«

»Danke, später gerne, aber jetzt brauche ich erst mal einen Kaffee. Wo ist denn der Wasserkessel?

»Du, den hab ich weggeschmissen.«

»Du hast ... WAS?!?!«

»Weggeschmissen. Der war doch eh total verkalkt, und wir haben doch jetzt die Kaffeemaschine. Du, da fällt mir noch was ein: Das wäre doch okay, wenn du da ein bisschen was beisteuerst, ne? Ich meine, du profitierst ja auch davon.«

»Was? Aber du hast doch gesagt ...«

»Ich wusste doch, dass du 'n Kumpel bist«, sagte Bejamin und hieb mir auf die Schulter. »Aber du, mal noch was ganz anderes, kann ich dem Thorsten mal dein Zimmer zeigen? Thorsten komm mal mit, das musst du gesehen haben.«

Sie warteten meine Antwort nicht ab. Ich blieb deprimiert am Küchentisch sitzen und hörte Satzfetzen: »... ist ja wohl ooo-ber-gei-jel ... echt kultig ... Du, das müssen wir unbedingt mal dem Stephan zeigen, der flippt aus ... vielleicht kann er hier sein Video drehen?«

Ich wusste, sie bestaunten meine Mustertapete, das orange-grün bezogene Ostsofa und den lila-grauen Teppich, alles Hinterlassenschaften meines Vormieters, von denen ich mich bloß aus Faulheit und Geldmangel noch nicht getrennt hatte. Ich stahl mich aus der Wohnung. Wenn sie sich wieder über die Dielen hermachten, wäre es zu Hause sowieso nicht auszuhalten.

Erst abends traute ich mich wieder in meine Wohnung. Im Flur hatte jemand ein Schuhregal aufgestellt.

Benjamin kämpfte mit dem Staubsauger.

»Hat keinen Zweck«, sagte ich. »Der ist vor 'nem Monat kaputtgegangen.«

»Ach du Schei-ße! Wie kriege ich denn jetzt den Dreck aus meinem Zimmer? Der Elektromarkt hat schon zu.«

»Besen«, sagte ich, und Benjamin starrte mich verständnislos an.

»Fegen«, fügte ich hinzu, und jetzt erhellte sich seine Miene.

»Ach Mensch, das ist ja ne rich-tig geile Idee, du. Ihr Ossis habt's einfach drauf zu improvisieren!«

Ich wies ihn in die Bedienung des archaischen Reinigungsgerätes ein und ging ins Bad. Der Klodeckel war mit rotem Plüsch bespannt worden, eine Vorlage aus demselben Material schmiegte sich um den Toilettenfuß. Ich stöhnte auf, als ich den Deckel anhob und einen WC-Frischestein im Becken sah.

Scheiß drauf, sagte ich mir und versuchte es, aber natürlich misslang das Experiment.

Es wurde Zeit, ein ernstes Wörtchen mit Benjamin zu reden. Doch als ich in sein Zimmer kam, lächelte er mich freundlich an und sagte: »Mensch, ich kann dir gar nicht sagen, wie wohl ich mich bei dir fühle. Habe ich mich eigentlich schon bedankt?« Er saß auf einem weißen Fell auf seinem abgeschliffenen Boden, hinter ihm stand eine Siebzigerjahre-Stehlampe, neben ihm, auf einem Glastischchen, dampfte ein Räucherstäbchen.

»Weißt du, hier ist alles noch so herrlich ursprünglich und nicht so tot und spießig wie zu Hause. Ach, und übrigens: Im Kühlschrank ist Bier, nimm dir ruhig eins.«

»Ja, danke, das kann ich jetzt gebrauchen«, resignierte ich.

Ich ging zum Kühlschrank und sah hinein. Ich konnte kein Bier entdecken.

»Benjamin, wo, sagtest du noch mal, soll das Bier sein?«

»Im Kühlschrank.«

»Hier ist keins.«

Benjamin kam, blickte in den Kühlschrank und sagte: »Da ist es doch.«

»Wo?«

»Na da!«, sagte er und zeigte auf ein paar kleine grüne Flaschen mit der Aufschrift »Beck's«.

»Das ist doch kein Bier. Das ist Beck's.«

»Na, wenn das kein Bier ist! Und viel besser als diese proletenhaften Berliner-Flaschen, die du immer trinkst.«

»Tut mir leid, aber Berliner schmeckt mir nun mal. Und ich bin quasi damit großgezogen worden. Außerdem ist es billiger.«

»Weißt du, so sehr ich es verstehe, dass ihr noch immer am Osten hängt, so kotzt es mich doch an, dass ihr an allem Neuen was zu Nörgeln findet. Ach und noch was. Es wär nett, wenn du in der Wohnung die Schuhe ausziehen würdest. Zumindest in den gemeinsam genutzten Bereichen. Gute Nacht.«

Tag 3

Es klingelte an der Wohnungstür, und ich quälte mich im Schlüpfer aus dem Bett. Im Hausflur standen zwei kräftig gebaute Männer und ein riesiger Karton.

»Guten Morgen. Wir bringen Ihre Spülmaschine. Wenn Sie bitte hier unterschreiben würden.«

»Wie? Ich verstehe nicht ...«

»Ah! Die Spülmaschine!«, rief Benjamin, kam zur Tür und unterschrieb den Lieferschein. »Du, die habe ich gleich am ersten Tag bestellt, als ich den Abwaschberg gesehen habe! Wegen der Kohle brauchste dir keine Sorgen machen. Ich weiß ja, dass du es nicht so dicke hast ... wir können deinen Anteil einfach nach und nach von meiner Miete abziehen.«

Ich weiß nicht, was ich getan hätte, wenn in diesem Moment nicht das Telefon geklingelt hätte und Benjamin mit den Worten »Ist für mich« in sein Zimmer gerannt wäre, wo das Telefon seit seinem Einzug wie selbstverständlich stand.

Ich lief weg und betrank mich in meiner ehemaligen Stammkneipe. Mit Beck's und Sake, denn mittlerweile hatte sie einer Sushibar weichen müssen.

Als ich wieder nach Hause kam, hatte ich einen Entschluss gefasst. Ich würde Benjamin rausschmeißen. Mitsamt Spül- und Kaffeemaschine, Garderobenständer, Glastischchen, Toilettengarnitur, Nudossi, FDJ-T-Shirt, Beck's und dem ganzen Nippes, den er inzwischen in der Wohnung verteilt hatte.

Er empfing mich mit offenen Armen und einer Flasche Champagner.

»Volker! Da bist du ja endlich! Du, es gibt Grund zu feiern!«

»So? Was denn?«, fragte ich misstrauisch.

»Ich hab meinen Vater überredet, das Haus zu kaufen! Ist das nicht geil? Demnächst fängt die Restaurierung an, wär doch gelacht, wenn wir den alten Kasten nicht ordentlich in Schuss kriegen!« Er streckte schwärmerisch die Hände aus und drehte sich auf einem Fuß.

»Stell dir nur mal vor, Gasheizung und größere Fenster und überall Parkettfußboden, vernünftige Duschen und elektrische Türöffner, damit die Tür unten zugemacht werden kann, wegen der Penner ... Und: Du hast die Wohnung wieder für dich alleine, ich ziehe nämlich ins Dachgeschoss. Wird natürlich alles ein bisschen teurer ... Aber wenn's bei dir nicht reicht, keine Sorge, uns fällt schon was ein. Hinterhof Parterre gibt's 'ne kleine Einzimmerwohnung, die wird sicher nicht so teuer werden ... he! Du freust dich ja gar nicht ...«

Nachspiel

Inzwischen habe ich mich sehr gut eingelebt in Stuttgart. Die Menschen hier sind sehr freundlich. Das sei nicht immer so gewesen, erklärten mir ein paar Eingeborene. Aber seit Mitte der Neunziger würden zum Glück alle Nervensägen nach Ostberlin abwandern.

In einer kleinen, ebenso gemütlichen wie langweiligen Kneipe treffe ich mich einmal die Woche mit ein paar anderen Ex-Ostberlinern, und wir gratulieren uns dazu, dass wir es noch rechtzeitig rausgeschafft haben. Natürlich führt die Kneipe kein Berliner Pilsner, aber immerhin auch kein Beck's und keinen Milchkaffee. Und Hofbräu schmeckt ziemlich gut.

bitterfeld hat
auch schöne ecken

andré herrmann

Pünktlich um 11.53 Uhr stehe ich am Fenster bereit. Unten an der Kreuzung ein milder Mittagsverkehr. Gekonnt öffne ich einhändig meine Bierdose und überprüfe den Sitz meines Feinrippunterhemds. Dazu stecke ich mir hinter jedes Ohr eine Zigarette, eine dritte klemme ich mir so in den Mundwinkel, sodass sie beim Sprechen sehr schön auf und ab hüpft.

Von Weitem höre ich es kommen. Eine Frauenstimme quäkt aus schlechten Boxen: »Und nun fahren wir geradewegs in eines von Leipzigs schönsten Quartieren. Schauen Sie nur, wie gut die gründerzeitlichen Fassaden nach dem Niedergang der DDR wiederhergestellt worden sind.«

Ich nehme einen tiefen Zug aus meiner Bierdose und öffne das Fenster so weit wie möglich. Zuverlässig nähert sich der Bus.

»Leipzig ist heute beliebter denn je. Gerade letzte Woche hat die *Frankfurter Allgemeine Zeitung* wieder ein Loblied auf unsere schöne Stadt verfasst.«

Ein Stechen durchfährt meinen Kopf. Immer und immer wieder tauchen blitzartig Bilder von Menschen in Polohemden vor meinem inneren Auge auf.

»Laut *New York Times* gehört Leipzig zu den zehn Orten auf der Welt, die man unbedingt gesehen haben sollte.«

Ich ohrfeige mich. Ist mit der Zeit so ein blöder Reflex geworden, wenn jemand diese Sache mit der *Times* erwähnt.

»Die Stadt ist bekannt für ihren lebendigen Untergrund und ihre Kreativwirtschaft, die unheimlich ... kreativ ist«, plappert die Frau weiter. Als der Bus noch etwa zwanzig Meter entfernt ist, wuchte ich mich auf das Fensterbrett. Gar nicht so einfach, wenn man dabei nicht die vielen Bierflaschen umstoßen will, die ich zur Dekoration aufgestellt habe. »Leipzig ist heute eine Boomstadt. Die billigen Wohn- und Lebenshaltungskosten machen sie zu einem Magneten für junge Menschen, die im Gegenzug die Straßen mit Lebensfreude bevölkern.« Na prima, jetzt hab ich einen Teil des Erbrochenen nicht zurückhalten können, und alles ist mir aufs Unterhemd gekleckert.

Wie bestellt hält der Bus direkt unter meinem Fenster.

»Und jetzt, meine Damen und Herren, wenden Sie bitte Ihren Blick nach rechts«, sagt die Frau und alle Passagiere schauen auf das Haus gegenüber.

Ich räuspere mich.

»Vierhundertfünfzigtausend Euro. Tatsächlich steht in diesem Traumhaus noch eine Wohnung zum Verkauf. Vierhundertfünfzigtausend Euro!«

Eine Frau im Oberdeck stößt begeistert ihren Mann an: »Du Luttger, des isch geschenkt!«

Mit dem Fuß rücke ich meinen Verstärker ein wenig näher ans Fenster, und mit einer galanten Bewegung drehe ich gleichzeitig alle Knöpfe bis zum Anschlag nach rechts. Dann drücke ich auf Play, augenblicklich sind alle Blicke auf mich gerichtet.

»Herzlisch willkomm' zum Hauptteil dor Veranstaldung!«, brülle ich in breitestem Sächsisch und recke meine Bierdose nach oben.

»Du Luttger, isch des enn Ostdeutscher?!«, kommt es aus dem Oberdeck.

»Was wolld'n ihr eigntlisch alle hior?«, schreie ich und schnipse meine Zigarette aus dem Fenster. »Bleibt doch eenfach ze Hause, mach ich doch ooch! Keene Arbeet jibt's überall, nich nur hior!«

Die Frau im Oberdeck zückt ihre Kamera: »Oah, isch des offregend, Luttger! Des isch wie bei *Akte 2011*!«

Ich versuche, meinen Bauch so weit es geht herauszustrecken und hebe an: »Zieht doch nach Bitterfeld, ihr ›Viertel-Vor‹-Sager! Bitterfeld hat ooch schöne Eggn!«

Die Leute werden unruhig, aber noch zeigt die Ampel an der Kreuzung rot.

»Unn wir wolln ooch keene Szeneclubs hier hamm' Und eure Töschter soll'n ma liewer in ... in Bochum studiern!«, rufe ich.

»Meine Damen und Herren, schauen Sie, wie schön die Fassade ...«

»Halt'n Sabbel!«, brülle ich und schwenke mein Bier. »Sch'wohne hier seit ... seit fümmsibbzsch Jahrn! Und plötzlich findet ihr Assis des geil hier und wollt alle herziehen und Kreati ... Kreativität hier machen? Was geht'n mit euch?!«

Die Tourleiterin schaut ungeduldig auf die Ampel: »Meine Damen und Herren ...«

Plötzlich springt ein junges Mädchen im Oberdeck auf. »Yeah!«, schreit sie und reckt ihre Faust in meine Richtung. »You'll never walk alone!«

»Wat?«, schreie ich.

»Yeah, gib's ihnen!«, schreit das Mädchen.

Ihre Freundin daneben schaut mich mit verliebten Augen an: »Er ist so authentisch!«

Sofort sind unzählige Kameras auf mich gerichtet.

»Luttger! Desch glaubt uns keiner!«

»Könnten Sie vielleicht noch mal das Bier so hoch in die Luft ...?«

»Würden Sie vielleicht mal meinen Namen auf Sächsisch aussprechen?«

Ich halte mir die Ohren zu. Nicht wie in Berlin sollte es enden.

Gestern bekam ich einen Brief von komischem Format. Darin das Belegexemplar eines Touristikkatalogs. Auf dem Cover ein Bild von mir. »Leipzig, eine Oase der Authentizität« stand darunter. Und wir dachten, wir müssen kämpfen. Dabei hatten wir von Anfang an verloren.

die party

marc-uwe kling

Wir stehen vor der Tür.

»Und hörst du: Nicht über Politik reden!«, flüstere ich noch mal.

»Ja, ja«, sagt das Känguru.

»Wir gehen nicht auf diese Party, um uns zu amüsieren. Wir sind hier, weil mir diese Leute meinen Film finanzieren sollen.«

»Ist klar«, sagt das Känguru.

»Du hast es versprochen.«

»Jetzt klingel endlich.«

»Und keinen Alkohol.«

Das Känguru gähnt.

»Ich glaube, es war ein Fehler, dich mitzunehmen«, sage ich seufzend. Das Känguru klingelt, sofort wird die Tür aufgerissen.

»Hiiiii!«, sagt eine trendig gekleidete Frau, und das lang gezogene »i« hat verblüffende Ähnlichkeit mit dem Geräusch eines Zahnarztbohrers. »Kommt herein in unser kleines Penthouse! Das ist unser Wohnzimmer. Der Pool ist auf der Dachterrasse.«

»Wahnsinn«, staune ich. »Das ist ja riesig.«

»Was macht denn das Auto im Wohnzimmer?«, fragt das Känguru.

»Ach das. Wir haben einen Garagenaufzug, durch den wir das Auto direkt in der Wohnung parken können.«

»Und das in Kreuzberg«, sagt das Känguru.

Ich blicke es böse an.

»Ich mein ja nur«, sagt das Känguru. »Das muss doch nerven, wenn jedes Mal am 30. April alle Bekannten ankommen und fragen, ob sie für die Nacht ihr Auto in eurem Wohnzimmer parken könnten.«

»Ahaha ...«, lacht die Frau künstlich.

»Ahaha ...«, lacht auch das Känguru. Zum Glück klingelt es schon wieder, und mit einem entschuldigenden Achselzucken verschwindet unsere Gastgeberin Richtung Tür. Wir mischen uns unter die Partygäste. Ich suche nach den furchtbar wichtigen Leuten, das Känguru nach dem Buffet. Auf diesen Partys gibt es eigentlich nur zwei Kategorien von Menschen: die, die dich kennen, die du aber nicht kennst, und die, die du kennst, die dich aber nicht kennen.

»Marc-Uwe! Kommen Sie, kommen Sie!«, winkt mich mein Agent heran. »Darf ich vorstellen? Das ist unser Gastgeber!«

»Erzählen Sie uns doch mal von Ihrer Filmidee, Marc-Uwe«, sagt der Gastgeber nach dem Begrüßungsgeplänkel.

»Also«, sage ich. »Die Idee habe ich schon ganz lange. Der Film soll heißen: ›Die dürren Jahre sind vorbei‹.«

Ich mache eine kurze Pause, um das sacken zu lassen.

»Hervorragend!«, sagt mein Agent. »Tolle Idee.«

»Es geht um eine Gruppe Yuppies, die in die Wohnungen von Hippies einbrechen ...«, fahre ich fort, »und dann stellen die alle Möbel um.«

Wieder mache ich eine Pause. Die Runde hängt an meinen Lippen.

»Und dann kommen die Hippies nach Hause und merken gar nix.«

»Hervorragend!«, sagt mein Agent. »Tolle Idee.«

»Das ist so ganz grob die Handlung«, sage ich. »Mit nur zehn Millionen Euro ist das machbar, denke ich.«

»Ich weiß nicht«, sagt ein junger Mann, der bisher nur schweigend neben dem Gastgeber gestanden hatte. »Ich finde das nicht so überzeugend. Ich finde, Kunst muss radikaler sein. Muss verstören. Muss den Leuten auf die Füße treten.«

Das Känguru ist herbeigekommen. Es stand die ganze Zeit an der Bar, in ein sichtlich langweiliges Gespräch verwickelt, und kippte einen Sekt nach dem anderen. Jetzt reicht es mir unauffällig einen Zettel. Darauf steht: »Worte, die ich in abendlichen Gesprächen auf Partys nie mehr hören will: Setup, Systemeinstellungen, Netzwerkumgebung.«

Ich schreibe darunter: »Worte, die ich heute Abend nicht von dir hören will: Kapitalismus, Schweinesystem, Vietcong.«

»Das ist übrigens mein Sohn«, sagt unser Gastgeber und stellt uns den circa zwanzigjährigen Querulanten vor. »Er wird Ihnen gefallen. Auch so ein Weltverbesserer. Hahaha. Er will in die Politik gehen.«

»Tatsächlich?«, frage ich müde.

»Ja, aber erst so mit vierzig oder so. Vorher will ich noch in die Wirtschaft und genug Geld verdienen, damit ich dann unabhängig bin.«

»Prima Idee«, sage ich in diesem leicht ironischen Tonfall, den die Leute leider nie mitbekommen. »Und was studierst du? BWL?«

»Ich mache meinen Master of Business Administration in Controlling and Finance.«

»Da hab ich auch schon 'ne prima Weltverbessererpartei für dich«, sagt das Känguru und wendet sich ab. »Sie nennt sich FDP.«

»Ja. Darüber habe ich auch schon nachgedacht«, sagt der Junge. »Papa ist ja bei den Grünen gewesen. Aber das ist mir immer noch viel zu realitätsfern, was die fordern.«

»Mit Revolutionären wie dir müssen wir uns um die Zukunft wahrlich keine Sorgen machen«, sage ich und glaube, jetzt ist er doch unsicher, wie das gemeint war.

Drei versmalltalkte Stunden später, in denen mein Vorsatz der Abstinenz mit vier Bieren grölend meine Kehle hinuntergezogen ist, sehe ich das Känguru mit einer Flasche Rum in der Pfote, die Unheil verheißend wenig Rum enthält. Es hat sich einen aus der sogenannten digitalen Bohème vorgeknöpft.

»Inzwischen bin ich überzeugter Kapitalist«, sagt der Gesprächspartner.

Ich schließe die Augen und fasse mir an die Schläfen.

»Du bissst höchssstens ein übersssseugender Schwwachkopf«, lallt das Känguru. »Schöner Kapitalisst bissst du. Einer ohne Kapital!«

Schnell schreite ich ein: »Nirgends kann man dich mit hinnehmen!«, sage ich zischend. »Nie kannst du dich benehmen.«

»Es stellt sich doch die Frage, wer sich hier obszön benimmt!«, lallt das Känguru. »Ich oder die Leute, die ihr Auto im Wohnzimmer parken!«

Ich nehme ihm die Flasche Rum aus den Pfoten.

»Das Problem mit dieser Art Achtundsechziger ist«, lallt das Känguru viel zu laut, »dass sie damals alle nur das Vorwort vom *Kapital* gelesen haben! Ich muss pissen«, und es verschwindet Richtung Pool. Ich nehme einen kräftigen Schluck vom Rum.

»Was war denn das?«, fragt mein Agent, der plötzlich hinter mir steht. »Es soll sich doch bitte beherrschen!«

»Tja«, sage ich und setze die Flasche wieder an den Mund. »Wo es recht hat ...«

»Vielleicht geht ihr besser mal nach Hause ... Ich sehe sonst eine Katastrophe am Horizont«, sagt mein Agent und will mir den Rum wegnehmen. »Eine Katastrophe. Und ich muss es dann wieder geradebiegen.«

»Es ist doch noch gar nichts passiert«, sage ich. Da höre ich einen Motor aufheulen. »Kapitalismus, Schweinesystem, Vietcong!«, ruft das Känguru. »Come on, Thelma!« Es hat das Porsche Cabrio kurzgeschlossen. Meine Augen glänzen.

»Ach, weißt du ...«, sage ich zu meinem Agenten. »Ich glaube, die Idee hätte eh nicht über neunzig Minuten Film getragen ...« Ich mache den Rum alle, werfe die Flasche hinter mich und springe zum Känguru ins Auto. Immer enger umzingeln uns die verärgerten Partygäste.

»Und jetzt?«, frage ich und suche nach der Fernbedienung für den Aufzug.

»Let's not get caught«, ruft das Känguru – und gibt Gas.

»Nicht!«, schreie ich. »Wir sind im fünften Stock!« Es kracht, es klirrt, es blubbert. Patschnass klettern wir aus dem Pool und beobachten, wie der Porsche zu Boden sinkt. »Na, wenn das nicht Kunst ist«, sagt das Känguru und rülpst. »Ich nenne es ›Porsche im Pool – Versuch 1‹.«

»Sie haben es gehört, meine Damen und Herren!«, ruft mein Agent den Gästen zu, die sich nun vor der zertrümmerten Glasfassade versammeln. »Porsche im Pool – Versuch 1! Ich nehme jetzt Ihre Gebote entgegen. Ich denke, wir fangen an bei 10.000 Euro. Höre ich 10.000 Euro?«

»Hier!«, ruft der junge Kunstfanatiker.

»15.000, höre ich 15.000?«

»Hier! Ich!«, meldet sich unser Gastgeber.

»Ein tolles Werk«, sagt er, »und so sozialkritisch.«

»20.000!«, ruft mein Agent. »Wer bietet 20.000?«

badenser berg

xóchil a. schütz

Ich wohne im wunderschönen Berliner Stadtteil Prenzlauer Berg.

Dieser Stadtteil ist so schön, weil achtzig Prozent seiner Bewohner aus Schwaben, Baden und Bayern kommen, und weil man es in Schwaben, Baden und Bayern gemütlich mag, und sauber. Außerdem mag man es gesund, sodass Muttis nicht nur ihre Kinder mit birnendicksaftgesüßten Dinkelkeksen füttern, sondern auch ihre Männer, und die Männer füttern ihre Muttis, also ihre Frauen, mit Biohonig und Bärlauchbrötchen, und es ist alles ganz wunderbar, und ich weiß gar nicht mehr, warum ich das, als ich hier herzog, irgendwie doof fand und spießig, denn eigentlich sind die Badenser, Bayern und Schwaben, die in den Prenzlauer Berg ziehen, aus Baden, Bayern und Schwaben ja weggegangen, sie haben sich gegen ihre Heimatdörfer entschieden, in denen es bestimmt viel sauberer und gemütlicher war als hier, und sie haben sich dagegen entschieden, weil sie in ihren Herzen Rebellen sind, weil sie die Welt verändern wollen mit ihren Biokeksen und Holzspielplätzen, und ich habe erst gestern wieder gehört, dass El Kaida die Welt auch verändern will, aber nicht mit Biospielplätzen und Holzkeksen, sondern mit liebevoll selbst gebastelten Sprengstoffgürteln; da lobe ich mir doch die Bayern und Badenser, die hier Bastelgruppen anbieten und für ihre Bastelarbeiten

147

später Ausstellungen basteln, die zwar keiner braucht, aber alle zufrieden und friedlich vereint bei ein paar Flaschen Bio-Limonade und Bio-Bier.

Ja, dass es schön ist im Prenzlauer Berg, ist wohlbekannt, und dennoch habe ich es nicht ganz so schön getroffen, denn obwohl das Haus, in dem ich wohne, direkt zwischen einem Holzspielplatz und einem Bio-Café steht, weigern sich seine Bewohner beharrlich, sich an die neuen Verhältnisse auch nur ansatzweise anzupassen.

Gestern wurde ich wieder um sechs Uhr morgens von meinem Nachbarn Nummer Eins geweckt, der um sechs Uhr morgens gewöhnlich aus irgendeinem Club zurückkommt und zu Hause noch ein wenig weiterfeiern will. Er ist sicher vierzig, aber will sich so jung halten. Ich möchte mich auch jung halten, aber mit Schlaf, und als der Nachbar um neun dann doch mal ins Bett geht, versuche ich noch mal, welchen zu kriegen. Leider klingelt um zehn Uhr das Telefon, weil irgendwer was von mir will, und während ich am Telefon hänge, klingelt es an meiner Tür, und vor ihr steht die Junkieprinzessin von unten mit ihren verfaulten Zähnen und fettigen Haaren, und hinter mir, in meiner Wohnung, steht schon ihr riesiger Hund, den die Madame offensichtlich zu erziehen verpasst hat. Ich sage ihr, sie soll sofort ihren Hund aus meiner Wohnung nehmen, und daraufhin sagt sie mir, ich sei ja wohl die Allerletzte und überhaupt, der Hund wolle ja bloß mal gucken in meiner Wohnung, und dann faselt sie noch irgendetwas, das ich nicht verstehe, und kaum hat sich der Hund aus meiner Tür bequemt, mache ich ebendiese zu, weil ich Junkies mit Hunden nicht vor meiner Tür und nicht hinter meiner Tür brauche, erst recht nicht, wenn ich gerade am Telefonieren bin, aber eventuell bin ich im Herzen längst auch zu einer Badenserin geworden, möglich ist es, denn später bringe ich ordentlich meinen Müll runter, was in diesem Haus keine Selbstverständlichkeit ist.

Auf dem Weg nach unten öffnet sich eine Wohnungstür, und ein Mann mit Bierflasche torkelt heraus. Er folgt mir und schaut mich misstrauisch an, während ich am Mülleimer stehe. Plötzlich sagt er: »Du hast uns belauscht!« Ich sage: »Äh, was?« Er sagt leise und drohend: »Ich habe mich gerade mit meiner Freundin gestritten, und du hast uns belauscht, stimmt's?« »Nein, nein, ich wohne doch zwei Stockwerke obendrüber, ich habe gar nichts gehört«, sage ich. Er guckt mich noch einmal lauernd an, sagt: »Du hast uns belauscht!«, und geht.

Auf dem Weg zurück nach oben treffe ich Nachbar Nummer Drei, der mir erklärt, dass er ein Paket für mich angenommen habe und es mir sofort holt. Ich gehe in meine Wohnung, will gerade neugierig das Paket öffnen, da sehe ich, dass es gar nicht für mich, sondern für eine andere Frau im Haus ist.

Ich suche also leicht entnervt die Wohnung der rechtmäßigen Paketbesitzerin und klingle. Sofort schlägt ein Köter an, eine mickrige, bleiche Frau öffnet die Tür, und ein Kleinhund, auf dessen Baugruppe ich nicht geachtet habe, springt mich an. Es ist genau so ein Kleinhund, den man mit einem Tritt ins Jenseits befördern könnte, und der sich trotzdem aufführt, als sei er das Jüngste Gericht in Person. Die Frau erzählt mir, dass sie hier schon Besuch von den Illuminaten hatte und will wissen, ob das Päckchen auch von denen sei. Die Kleintöle verbeißt sich derweil in meinem Schuh.

Als ich wieder in meiner Wohnung stehe, bin ich mir sicher, dass das Leben selbst schon das Jüngste Gericht ist, zumindest, wenn man in diesem Haus wohnt.

Ich überlege, ob ich nicht nach Bayern oder Baden auswandern sollte. Ich könnte die Biodinkelkekse, Holzspielzeuge und Bastelideen der Neu-Prenzlauer Berger, nennen wir sie Badenser Berger, schließlich mitnehmen und die Bewohner meines Hauses einfach hierlassen.

Als ich mir gerade vorstelle, wie ich als Biodinkelkeksunternehmerin in Baden in einer gepflegten Badewanne sitze, sehe ich, dass vor meinem Fenster ein Wunder geschieht. Ein herrliches Wunder! Ein Mann zieht ein in die Hinterhofwohnung, die meiner gegenüber liegt. Und es ist ein Prachtexemplar! Modell Til Schweiger, aber zehn Jahre jünger, und auch noch cool mit seinem nackten, muskulösen Oberkörper, den braunen Surferarmen und den dunkelblonden Haaren, die er halblang trägt. Und er trägt noch etwas. Er trägt seine Balkonpflanzen auf den Balkon, streichelt sie liebevoll und gießt sie. Ich möchte ihn sofort heiraten. Und ich sehe sofort, dass er selbst den besten Blick auf mich haben muss, wenn ich bei offenem Fenster am Herd stehe. Ich beschließe, von jetzt an jeden Tag ausführlich zu kochen. Mir fällt dann aber ein, dass ich das, was ich koche, auch essen sollte, und dass ich dann bestimmt ganz fett werde und nur noch watscheln kann, und das mag bestimmt kein Supermann, und deshalb beschließe ich dann, dass Superschweiger sich schon in mich verlieben wird, wenn er mich zum ersten Mal Tee kochen sieht, denn ich beschließe, dass ich in Wirklichkeit aussehe wie Angelina Jolie, auch wenn das bisher noch keiner gemerkt hat, und dass Mister Supernachbar das aber auf den ersten Blick fühlen und mir sofort vom Balkon zurufen wird, dass er mich augenblicklich haben will, und zwar für immer und mit fünf Kindern, und zwei Häuser will er mir eigenhändig bauen, und zwar eines in Baden und eines in Bayern, und ich darf den Rest meiner Tage mit Dinkelkeksebacken und Gebären verbringen.

Leider sehe ich plötzlich, wie ein zweiter Mann auf den Balkon tritt und dem ersten Mann an den Arsch fasst. Alles ist vorbei. Das Leben ist grässlich. Ich stelle mich in die Küche, schiebe mir einen fettigen Fertigfraß in den Ofen und bin untröstlich. Unten im Haus splittert Glas, die Junkieprinzessin pöbelt, und Nachbar Nummer Eins dreht die Musik auf.

glaspalast

bumillo

(Oans-Zwoa-Drei, Viertel)
Friara is ma nach Schwabing zoong zum Lehm
Heidzdog ziagt ma nach Schwabing zum Schderm
Du moanst des konns doch gor ned gehm
Geh her I zoag da de Scherm
des zsammkaut homm und zsammkehrn und wieda zsammbaun
zum GLASPALAST!
Hier! Wo man keinen Spaß verpasst
dank verglasten Loggien,
die es – Zitat *monaco-schwabing.de* – »den Bewohnern ermöglichen,
als Betrachter am urbanen Leben teilzuhaben« ....
»Als Betrachter«, m-hm:

»Da stehen Menschen auf der Straße
mit Bier in der Hand!
Ich verlier den Verstand!
Die unterhalten sich und haben Spaß ...!
Wir fordern, dass man die Nachbarschaft überwachbar macht,
damit auch niemand über Nacht Krach macht!«

Ihr hockt mit euren Prada-Westen
verstockt in euren Glaspalästen
und schreibt euch übers Fensterkreuz:

R. I. P. – Residence In Peace
Doch für viele andere hieß es: Residence In Pieces
Geh her I zoag de Scherm!
Ja ihr sogts nur »Gesocks!«
Aber *ihr* seids paradox!
Weil ihr hobts Kohle ohne Ende,
aber des oanzig großzügige an eich san eire Dachterrassen ...
Ui schau moi, a Dachterrasse!
Eine Dachterrasse!
Do spannt oana an Sonnenschirm auf ...
Hier in Schwabing! An Sonnenschirm! Auf na Dachterrasse!
A so ein Flair. So ein Flair ...
»Schatz! Hier ziehn wir her!
Die ›atelierartige Raumsituation‹,
die ›Behaglichkeit der Fußbodenheizung‹,
›antoniolupi‹ und diese Dachterrassen –
DAS Glück möcht ich an keinem Tach verpassen!«

Dort
wo Ehefraun
auf glatten Fließen
die Sträuße ihrer Gatten gießen,
wird die Liebe schnell verenden,
denn kein Makel bleibt verborgen
bei Glasschiebeelementen ...
»Kuck ma Schatz: N Negligee aus Plexiglas ...«
Sie fragt nach dem Sex: »Wie wars?«
Er drückt die Chick im Sektglas aus
und sagt: »Perfekt war's, Maus ...
A so ein Verkehr. So ein Verkehr ...«

Ihr pennt aus im Penthouse,
doch ihr brennt aus im Büro.

Du schwitzt, kommst nicht aus deinem Hemd raus
und gibst für den Käse deiner Trendmaus
den letzten Cent aus!
Ja, die gefönte Schöne und die verwöhnten Söhne
benötigen obszön erhöhte Löhne ...
»Ach Schatz, was das n stressiger Tag war,
ich hab mehr geshopt als Sarah Jessica Parker!«

Bonzenflittchen
sitzt im Glassarg wie Schneewittchen!
Ooh! »Kunstvoll gestalteter Entrée-Bereich« !
Hier wird der Chantré gereicht!
Und dank der Putze ist hier alles pflegeleicht ...
»Hier: Meine Wasserhähne – goldig ...
Meine Löffel – goldig ...
und die Putzfrau sagt immer: ›Putzich. Putz ich.‹
Weißt du, ich hab einfach ne Annongse aufgegeben:
Suche Polin zum Kochen und Putzen – Nationalität egal
und seitdem ist kein Staub mehr im Regal
in meinem kleinen Glaspalast ...«
Bonzenflittchen
sitzt im Glassarg wie Schneewittchen!

Ihr meint, euer Luxus ist der größte gemeinsame Nenner?!
Schaut mal genauer auf die Straße:
Dort döste der einsame Penner!
Aber was reg ich mich auf:
Das Schlimmste an euren Fenstern ist ja nicht, dass ihr uns seht,
dass ihr auf uns herabschaut,
sondern dass wir euch sehen müssen!
Dass wir euch sehen und das wir auch so werden wollen wie ihr!
Wir folgen jedem Megatrend
und putzen uns die Zähne mit »Dekadent« ...

My friends all drive Porsche

My friends all drive Porsche

My friends all drive Porsche

Denn der Porsche / ist ein schönes / Lebensabschnitts- / gefährt

Ja der Porsche / ist ein schönes / Lebensabschnitts- / gefährt,
ju-hä!

so viel we

ni ger be

deu te te

so viel mehr

so viel we

ni ger be

deu te te

so v i e l ...

Aber jetzt hat nichts mehr einen Wert,

sondern nur noch seinen Preis

Ihr habt uns gentrifiziert mit eurem Scheiß!

Denn irgendwann merkt man irgendwo:

»Geld spielt keine Rolle, Geld ist wirklich so!«

Und schon sitzen wir,

als unfassbarer Zaster-Kasper

in dem Glaspalast da

und das wars dann, basta ...

Und in einem Anflug von Dosenbier

sprühen wir und schreiben

wir in Spiegelschrift an unsre Fensterscheiben:

»ES GING SCHNELLER, ALS WIR DACHTEN

DASS WIR SO WURDEN

WIE DIE, DIE WIR VERACHTEN

Hey!

ES GING SCHNELLER, ALS WIR DACHTEN

DASS WIR SO WURDEN WIE DIE ...!«

Friara warma in Schwabing gschdorm fürs Lehm
Heidzdog lebt ma in Schwabing zum Schderm
Des konns doch einfach gor ned gehm
des scheene Viertel liegt in Scherm
und es is schlimmer als ma denkt
weil da Hammer in Schwabing nur no im Nagelstudio hängt
Koa Freid, koa Kunst, koa Lehm, koa Lärm
Oa Viertel, zwoa Viertel, drei Viertel – Scherm!

Aber ohne Viertel sind Städte nix Halbes und nix Ganzes.
»OHNE VIERTEL SIND STÄDTE NIX HALBES
UND NIX GANZES«
I hoff es gschbandzes! Also:
Viertel Vor!
VIERTEL VOR!
VIERTEL VOR!
VIERTEL VOR!
Zwölf.

prenzlauer patchwork

insa kohler

Als der Prenzlauer Berg das Szeneviertel Berlins war, haben hier nur coole Leute gewohnt. Jetzt wohne ich hier und stolper täglich über Kinder.

Lachse ziehen zum Laichen den Fluss hinauf, Berliner ziehen in den Prenz'lberg und werfen ihren Prenz'lzwerg. Direkt vor meine Füße, denn ich habe keinen Kinderwagen, hinter dem ich mich verstecken könnte. Ich bin Studentin und möchte noch eine Weile ohne Nachwuchs bleiben. In diesem Stadtteil macht mich das zur Außenseiterin.

Zum Feiern und Biertrinken fahre ich nach Kreuzberg oder Neukölln. Da spielt die Musik, da spielen keine Kinder. Da tobt das Leben, nicht das Kind.

Wenn ich in den Morgenstunden nach Hause taumle, kommt mir der Stadtteil, in dem ich wohne, oft sehr leer vor. Ein fataler Trugschluss. Ich übersehe nur viele Bewohner, denn ich habe keine Augen in der Kniescheibe. Im Prenzlauer Berg liegen nicht nur Hundehaufen auf dem Bürgersteig, nein, man muss auch aufpassen, nicht in ein Kind zu treten, das gerade seine ersten Schritte macht, weil es den Weg zum Kindergarten unbedingt alleine gehen will. Es fällt jeden Meter einmal um und wird von seinen bewundernswert geduldigen Eltern wieder aufgerichtet.

Ich könnte das nicht. Mein Kind würde wahrscheinlich

nie Laufen lernen, weil ich nicht stundenlang dabei zusehen könnte, wie es im Schneckentempo die Stufen zur S-Bahn-Station hinaufkrabbelt.Ich würde mein Kind einfach tragen, bis es acht wäre. Wenn es dann mit acht die Stufen zur S-Bahn-Station hinaufkrabbelte, dauerte das aus zwei praktischen Gründen nicht ganz so lange: Das Kind wäre größer, das heißt die Stufen wären dementsprechend kleiner, und es würden nicht ständig andere Mütter stehenbleiben und »Ohwieistdas-süßjungeodermädchen?« fiepen, denn ein achtjähriges Kind, das Treppenstufen hochkrabbelt, sieht nicht süß aus, sondern erbärmlich.

»Warte nur ab«, sagten Berliner aus anderen Stadtteilen, »im Prenzlauer Berg geht das ganz schnell. Da liegt was in der Luft, und ehe du dich versiehst, bist auch du Mutter.« Ich lachte, denn ich hatte keine Ahnung, wie recht sie haben sollten. Im Prenzlauer Berg braucht man ein Kind. Um ins Stadtbild zu passen. Um nicht aus dem Rahmen zu fallen. Um dazuzu-gehören. Und um all den Muttis, die einem mit ihren Kinder-wagen in die Hacken fahren, zurück in die Hacken fahren zu können!

»Nein, danke!«, sagte ich. Für's Erste reichen mir die Kinder meiner Nachbarn. Klar, Kinder sind süß, aber das ist Zucker auch und wenn man zu viel davon isst, kriegt man Diabetes. Nach einem halben Jahr Prenzlauer Berg bin ich bereits völ-lig überzuckert und, um ehrlich zu sein, ich habe Angst vor Kindern. Sie sind überall! Besonders im Kindergarten meiner direkten Nachbarschaft muss es ein paar furchtbar böse und aggressive Exemplare geben. Nicht umsonst hat die Stadt dort etxra ein »Achtung Kinder!«–Schild aufgestellt.

Eine Zeit lang konnte ich wegen dieser grausamen Kinder nachts nicht schlafen. »Wenn die so gefährlich sind, warum tragen die dann keinen Maulkorb?«, fragte ich mich und dach-te darüber nach, ob man dazu verpflichtet ist, Kinder, die man einmal ins IKEA-Kinderparadies gesetzt hat, auch wieder dort abzuholen.

Dann fiel mir der Unterschied zwischen Kindern und Hunden auf. Hunde kann man aussetzen. Kinder nicht. Über Hunde darf man sich beschweren, über Kinder nicht.

Kinder sind die Zukunft.

Wenn das stimmt, ist es eine breiverschmierte, sabbernde, heulende Zukunft, die uns erwartet. Eine Zukunft, der man am Hintern riechen muss, weil sie sich schon wieder in die Hose gemacht haben könnte. Eine Zukunft, die weder laufen, noch sitzen, noch einen ordentlichen Satz formulieren kann. Eine Zukunft, die einfach weint, wenn sie etwas will.

»Entschuldigung, Ihr Rucksack übergibt sich gerade«, musste ich letztens in der Bahn zu einer Frau sagen, die sich ihre Zukunft auf den Rücken geschnallt hatte.

Ich verzog das Gesicht. Keine schöne Zukunft, dachte ich. Da schob sich eine weitere Mutter mit ihren Zwillingen zu mir durch und platzierte die etwa fünfjährigen Kinder auf den Sitzplätzen mir gegenüber. Die beiden zankten und schrien. Die Mutter wirkte gestresst und fauchte ihrem Nachwuchs Drohungen zu, von denen dieser sich überhaupt nicht beeindrucken ließ.

»Könnten Sie eben auf die Kinder aufpassen. Ich muss nur schnell Fahrkarten kaufen. Danke!«, sagte sie, verschwand und kam nicht wieder. An der nächsten Haltestelle sah ich sie geduckt am Fenster vorbeihuschen. Ich vermute Richtung Kreuzkölln.

Plötzlich war ich Mutter. Ich hatte mir das immer etwas anders vorgestellt, aber nun war es eben so gekommen. Das hat man davon, wenn man in den Prenzlauer Berg zieht.

Die Kinder turnten auf den Sitzen herum und guckten der Frau nach, die sie bis eben noch »Mama« genannt hatten. Mir

fielen keine Namen für sie ein, war ja auch alles eher unge-
plant jetzt. Also nannte ich sie »Kind 1« und »Kind 2«.

Kind 1 und Kind 2 hörten nicht auf, sich zu streiten. Ich
wiederholte einige der Drohungen der Ex-Mutter, die ich mir
gemerkt hatte, aber es brachte nichts. Ich hatte keine Ahnung
von Kindererziehung, und zwei gegen einen fand ich auch
ziemlich unfair.

In dem Moment kam ein Obdachloser vorbei und fragte, ob
ich einen Euro oder sonstirgendwas für ihn hätte. Ich biss die
Zähne zusammen und schaute zu den Kindern. Das kannst du
nicht machen, dachte ich.

Ich sah den Obdachlosen an. Er machte keinen unfreund-
lichen Eindruck. Kinder sind die Zukunft, und Zukunft kann
dieser Mann sicher besser gebrauchen als einen Euro.

»Nimm dir eins«, sagte ich und zeigte auf die Kinder. »Was
soll ich mit zweimal dem gleichen?«

Ein Kind war für den Anfang definitiv besser. Gut war
auch, dass es sich um ein Second-Hand-Kind handelte, denn
so konnte es schon laufen und sich mit acht diverse Peinlich-
keiten ersparen.

Als es neun Jahre alt wurde, schickte ich Kind 1 in ein Fe-
rienlager. Dort traf es Kind 2, die beiden stellten fest, dass sie
Zwillinge waren und tauschten die Rollen.

Nur kurze Zeit später zogen beide Kinder und der Obdach-
lose zu mir in den Prenzlauer Berg. Wir sind jetzt eine Familie. Und Familie kann man sich nun mal nicht aussuchen.

küchentischsoziologie

maik martschinkowsky

»Vielleicht kommt zufällig ein Flaschensammler vorbei«, sage ich und deute auf den Flaschenberg unter der Spüle. »Der wär 'n gemachter Mann.«

Mein Mitbewohner schüttelt den Kopf und ein Staubtuch aus. »Bring die doch selber weg, dann bist du ein gemachter Mann, und, was noch viel besser ist: Ein Mann, der was gemacht hat!«

»Höre ich da einen leisen Hauch von Kritik?«, frage ich.

»Von hier aus gesehen ist es eigentlich mehr so ein brüllender Sturm«, sagt mein Mitbewohner und wischt über ein graues Regalbrett, das sich unter seiner fleißigen Hand auf wundersame Weise in ein braunes verwandelt. »Bezeichnend, dass das bei dir nur als leiser Hauch ankommt.«

Ich setze mich an den Tisch und drehe eine Zigarette. »Duuu«, sage ich nach einer Weile, »ich hab irgendwie das Gefühl, dass die Stimmung hier grade irgendwie, irgendwie…«

»Verstaubt ist?«, fragt mein Mitbewohner. »Ganz genau. Verstaubt, versifft und vergammelt. Hier sieht es scheiße aus! Die Küche sieht scheiße aus, der Flur sieht scheiße aus, und du siehst auch scheiße aus!«

»Meinst du, da könnte es einen Zusammenhang geben?«, frage ich.

»Die Frage musst du dir selber beantworten. Aber ich glaube, für die Stimmung hier wäre es ganz gut, wenn du auch mal ein bisschen was machen würdest. Die Flaschen wegbringen zum Beispiel.«

»Aber warum sollte ich jetzt in Aktionismus verfallen, nur weil du plötzlich die Anwandlung hast, unsere Küche zu gentrifizieren?«

Mein Mitbewohner dreht sich um und funkelt mich finster an: »Weil hier sonst was explodiert!«

»Huh«, sage ich. »Terrordrohung von Seiten der Yuppies. Das ja mal was Neues. Oder hast du beim Buddeln 'ne Bombe gefunden?«

»Alter!«, ruft mein Mitbewohner. »Ich hab sowieso das Gefühl, dass ich hier sehr viel mehr investiere als ihr alle. Da könntet ihr mir ja auch mal 'n bisschen entgegenkommen!«

»Aber vielleicht wollen wir gar nicht, dass hier investiert wird«, sage ich.

»Dann könntest du wenigstens gehen und mich mit deinen blöden Sprüchen in Ruhe lassen!«

»Das hättste wohl gerne!«, ruf ich, ziehe meine Kapuze über den Kopf und recke die Faust in die Höhe: »Wir bleiben alle!«

»›Alle‹ im Sinne von ›leer‹?«, fragt mein Mitbewohner und grinst.

»Äh ... – Moment ...«, sage ich und ärgere mich darüber, dass ich so schlagfertig bin wie ein Stück Kuchen. Mein Blick fällt auf die Grillanzünder neben dem Flaschenberg.

»Fuck!!«, ruft mein Mitbewohner plötzlich und springt einen Meter zurück. Am Regal krabbelt eine riesige, fette schwarze Spinne hoch.

»Na, illegalen Einwanderer entdeckt?« frage ich.

»Fuck!«, ruft mein Mitbewohner: »Mach die weg!«

»Äh ...«, sage ich »... äh ... lieber nicht.«

»Aha!«, ruft mein Mitbewohner. »Nutznießen, aber Amtshilfe verwehren!«

»Moment mal!«, sage ich. »Niemand hat davon gesprochen, dass ich ein souveräner Staat bin! Außerdem, was kann ich dafür, wenn dein Territorium von Godzilla heimgesucht wird?«

»Das ist öffentlicher Raum. Du wohnst hier!«, ereifert sich mein Mitbewohner. »Und das da ...«, er deutet auf die Spinne, die uns aus vielen Augen finster anfunkelt, »ist kein Einwanderer, sondern eine faschistische Invasion, die irgendwo ein geheimes Netzwerk hat!«

»Invasionin«, sage ich. »Männchen leben bei denen gar nicht lang genug, um so fu-ck-ing groß zu werden.«

Eine Weile starren wir regungs- und fassungslos auf das Ungetüm.

»Fuuuck!«, sagt mein Mitbewohner noch mal: »Die is echt groß. Mach die jetzt weg.«

»Nee, is klar«, sage ich. »Erst hier auf dicke Hose machen, und wenn die Faschisten aus ihren Löchern gekrochen kommen, die Verantwortung wegschieben.«

»Pass auf, wir machen 'nen Deal«, sagt er. »Ich mach ... aaahhh!«

Die Spinne springt meinem Mitbewohner an den Hals und versucht, ihm in den Kragen zu krabbeln, während er panisch kreischend um sich schlägt. Ich greife instinktiv zum Nudelholz und dresche,so stark ich kann, auf beide ein. Als der Bod...

»Was hältst du davon?«, reißt mich mein Mitbewohner aus meinen Gedanken.

»Äh, was?«, frage ich verwirrt. »Hab grad über was anderes nachgedacht.«

»Ich fang sie ein, und du bringst sie raus«, sagt er. »Und danach lässt du mich hier in Ruhe weiter putzen. Wenn du da nicht mitmachst ... fang ich sie ein und setze sie in deinem Zimmer aus. Is das 'n Deal?«

»Jaja«, sage ich und greife zum Nudelholz.

die schlaglocher
wie das leipziger g-team mit allen mitteln
um seinen bedrohten stadtteil kämpft:
»schleußig bleibt scheußlich!«

sven stickling

»Immobilienhaie, lasst die Flossen von uns!« und »Schleußig bleibt scheußlich« steht auf einem großen Banner, das quer über die Straße im Leipziger Stadtteil Schleußig gespannt wurde. Seitdem der bekannte Immobilienhai Rico K. die Stadt öffentlich als das neue Berlin bezeichnet hat, kaufen und sanieren die internationalen Finanzinvestoren, was ihnen unter die Finger kommt.

»Eine Katastrophe«, jammert die alleinerziehende Cindy Potzewitz, die seit jeher mit ihrem kleinen Sohn Kevin und ihren Eltern in Schleußig wohnt. Doch noch gibt es Hoffnung. »Hätten wir das G-Team nicht, wären wir schon alle weg«, sagt Cindy und zeigt auf vier vermummte Gestalten, die im selben Moment aus dem Schatten eines frisch sanierten Altbaus treten.

Sie nennen sich selbst das G-Team, die Antigentrifizierungseinheit. Ihre Waffen sind Hammer und Meißel, mit denen sie, kaum dass die Straßenbauer abgezogen sind, den noch frischen Asphalt bearbeiten. Frei nach dem Motto »Jedes Schlagloch ist ein gutes Schlagloch« behauen sie die Oberfläche so lange, bis sie wieder aussieht wie vorher.

»Wir sind das Sondereinsatzkommando der Gerechtigkeit«, sagt ihr Anführer Carlos Strotz (Name von der Redaktion geändert) mit Pathos in der Stimme, während er eine geeignete

Stelle für seinen Meißel sucht. Er findet sie unweit einer Ein-
fahrt. »Wenn ich hier ein Loch schlage, wird es durch das Ein-
und Ausfahren der Autos schnell größer.«

Carlos selbst hat sechzehn Semester Anglistik studiert, ist
derzeit auf Arbeitssuche und wohnt seit Beginn seines Stu-
diums in diesem Viertel. »Durch die Sanierungen und Um-
gestaltungen schießen die Mieten immer weiter in die Höhe,
das kann sich kein Normalbürger mehr leisten«, erklärt er, der
sich als Robin Hood der alteingesessenen Mittel- und Unter-
schicht versteht.

Doch das Bearbeiten der Straßen allein reicht schon lange
nicht mehr. »Wir versuchen das Viertel durch gezielte Negativ-
aktionen in die Schlagzeilen zu bringen«, betont Carlos und
zeigt auf die qualmenden Reste eines ausgebrannten Autos
am Ende der Straße. »Das war der alte Trabant meiner Mutter,
der sollte eh in die Schrottpresse. Wir haben ihn vorgestern
Nacht hierher geschleppt und angezündet. Heute ist der gebrauchte Trampeltrecker von meinem Bruder dran.«

»Pyro-Medializing Strategy« nennen es die Mitglieder des
G-Teams. Allerdings kommen die Mitglieder des G-Teams
schon lange nicht mehr hinterher. »Es gibt vier von uns, aber
hunderte von Straßenbauern«, erklärt Carlos und spricht von
»Capacity Limitation«: »So viel, wie hier saniert und neu gemacht wird, dagegen kommen wir nicht an.« Seit einigen
Monaten arbeiten die vier deshalb mit Subunternehmern zusammen. Zu ihren Mitarbeitern zählen einfache Street-Art-
Sprüher ebenso wie professionelle Schauspieler, die nachts
Überfälle und Vergewaltigungen in den anliegenden Parks
nachstellen, um die Kriminalitätsstatistik in die Höhe zu treiben. »Gewalt ist eine Lösung«, sagt Carlos überzeugt. »Natürlich nur, solange sie gespielt ist.«

In ihrem Kampf gegen das Böse gibt es keine Tabus. »Wir
arbeiten sogar mit einem ehemaligen NVA-Mitglied zusam-

men«, verrät er und zeigt auf eine zerschossene Hauswand. Der »Ballermann«, wie sie ihn nennen, kommt einmal in der Woche nach Einbruch der Dunkelheit und beschießt Fassaden mit seinem Gewehr.

»Dabei achtet er darauf, dass nur die äußere Fassade beschädigt wird. Fenster und Isolierung bleiben heil«, beruhigt Carlos eine ältere Dame aus dem Viertel, die sich zu uns gesellt hat. Anders wäre diese radikale Vorgehensweise den bedrohten Bewohnern Schleußigs auch nicht zu vermitteln. »Wir wollen zwar alle hier wohnen bleiben, aber keiner von uns will im Winter frieren. Einmal Krieg ist genug«, sagt die Dame und verschwindet wenig später in dem zerschossenen Haus.

Lange funktionierte die Antigentrifizierungstaktik des G-Teams hervorragend. Doch seitdem Schleußig Thema einer Fernsehreportage in der ARD war, nimmt das Interesse an diesem Stadtteil trotz oder gerade wegen all der G-Team-Maßnahmen immer weiter zu.

»So hatten wir uns das nicht vorgestellt«, sagt Carlos kopfschüttelnd und zeigt auf einen gestriegelten Mann im Anzug, der seinen Porsche mitten auf der Straße zum Stehen bringt, die Fahrertür aufreißt und mit einem ängstlichen Lächeln auf allen vieren zum Hauseingang robbt.

»Es ist über kurz oder lang ein auswegloser Kampf«, ahnt auch Carlos. »Aber eine Alternative gibt es nicht«, seufzt er, der Robin Hood Schleußigs, und meißelt weiter. So lange, bis die Straßenbauer mit ihren Maschinen kommen und alles wieder von vorn beginnt.

das gesicht der gentrifizierung

klaus bittermann

Im *Principe di Napoli* redet gerade Jan Liefers mit Engelszungen auf mich ein, wie er einen Roman aus meinem Verlag verfilmen würde, als ich von einer Gruppe wie aus dem Ei gepellter Jungmänner in akkurat sitzenden Anzügen, festgezurrten Schlipsen, windschnittigen Frisuren und hochglanzpolierten braunen Lederschuhen abgelenkt werde.

Was tun die hier, frage ich mich. Ich stehe auf, schnappe mir einen der »Gschpritzten«, wie man in Österreich sagen würde: »Was willst du hier, Fremder?«, frage ich. Na ja, würde ich fragen, wenn ich ein Cowboy wäre und hier Cowboy-Land. Ist aber nicht. Hätte ich aber gefragt, hätte ich erfahren, dass es sich um Münchner »Immobilienhaie« handelt, die auf der Suche nach »Filetstücken« sind.

Das behaupten zwei KiezbewohnerInnen, die beim Bäcker in der Schlange vor mir stehen. »Hier haben ja zur Zeit alle Angst wegen der Gentrifizierung«, sagt die eine. »Meine Tochter schreibt gerade ihre Abiturarbeit über die Gentrifizierung des Graefekiez«, sagt die andere. Oh, denke ich, deshalb also die Fremden. Morgen, so erfahre ich aus dem Gespräch, das sich hinzieht wie die Schlange vor mir, findet eine »Kiezbegehung« statt.

Da muss ich hin, denke ich. Vor einem eher unattraktiven Haus in der Dieffenbachstraße verliest ein bärtiger

»Kiezbegehungs«-Mann die klagende Anklage eines Anwohners. Ein Immobilienhai hat sich das Filet unter den Nagel gerissen. Es sieht allerdings noch genauso heruntergekommen wie vorher aus. Aber, so dräut es vielsagend in der Rede, wer weiß, was da noch alles passiert.

Da der Vortrag nicht wirklich spannend ist, verlasse ich die Gruppe und esse ein Pizzastück aus der kanadischen Pizzeria. Dann mache ich mich auf den Weg nach Hause. Bevor ich um die nächste Häuserecke biege, frage ich mich, ob ich mir vielleicht doch Sorgen machen sollte, wenn die »Kiezbegehung« vor meinem Haus steht. Sie steht tatsächlich vor meinem Haus. Das glaub ich einfach nicht, denke ich.

Ich mische mich unauffällig unter die »Kiezbegeher«. Der Hausbesitzer hätte eine Wohnung renoviert und für das fast Dreifache vermietet, höre ich. Stimmt. Danach ist eine Kleinfamilie eingezogen. Ein großer Mann und eine nicht ganz so große Frau, ein großer Zottelhund und ein großes Auto, mit dem man auch über einen frisch gepflügten Acker fahren kann, wenn die Straßen verstopft sind und jeder gucken muss, wie er durchkommt, weil die Russen doch plötzlich angreifen, obwohl schon lange niemand mehr damit gerechnet hat, oder irgendeine Flüchtlingswelle über Berlin hereinschwappt, oder damit der große Hund reinpasst. So ein Auto.

So sieht die Gentrifizierung also aus, denke ich. Sie wohnt direkt über mir und ich hatte keine Ahnung. Sie ist freundlich und nett, viel freundlicher und netter als Frankenstein, der vorher da wohnte und den ich so nannte, weil er so aussah wie das von Doktor Frankenstein erschaffene Monster Boris Karloff und sich auch so benahm, und der eines Tages vor meiner Wohnungstür stand und »Paket« belferte, das die Post bei ihm für mich abgegeben hatte. Das war das einzige Wort, das wir in unserer zwanzigjährigen Nachbarschaft miteinander wechselten. Oder wie Frankensteins Vater Hinkebein, von dem ich immer wusste, wo er sich gerade befand, weil er wie Long John Silver mit einem Holzbein auf den Holzdielen tok tok tok machte.

Die Gentrifizierung ist nicht nur schlecht und fies, denke ich. Manchmal ist sie auch nett und freundlich.

besuch beim alten kumpel

heiko werning

Ja, kommt nur rein. Schön, dass ihr's endlich mal geschafft habt. – Ja, ist ja jetzt auch schon wieder über'n Jahr her, dass wir hier eingezogen sind, das wurde ja auch wirklich mal Zeit, dass ihr euch die Wohnung endlich mal anguckt.

Ja, ist wirklich schön, wir sind auch echt total froh, dass wir das gemacht haben, wir mussten auch wirklich raus aus diesem Loch. Ich meine, man ist ja auch nicht mehr zwanzig und wir verdienen ja auch nicht so schlecht, da kann man sich schon auch ein bisschen was gönnen. – Ja, richtig, das waren früher drei Wohnungen hier, das haben die bei der Sanierung jetzt zusammengelegt, sieht man gar nicht, ne? – Doch, das Parkett ist natürlich echt, klar, und Iso-Verglasung und Lärmschutz, alles auf dem neusten Stand, das merkt man schon. Auch die Technik, alles energieeffizient. Die Heizung mit automatischer Nachtabsenkung, ab 0 Uhr, das spart auch ordentlich. – Nee, für uns ist das nicht so früh. Und außerdem, guck mal hier, es gibt ja auch 'nen Partyknopf. – Ja, Partyknopf, der heißt halt so. – Ja, sehr komisch. Aber nein, der soll nicht für Partystimmung sorgen, wenn man da drauf drückt, den drückt man, wenn Besuch da ist und es eben länger heizen soll, da kann man dann auch bis in die Puppen machen, und trotzdem bleibt es schön warm, das merkt man dann gar nicht. Ich meine, das ist doch cool – volle Energieeffizienz, ohne ungemütlich zu werden. Nur, weil man's jetzt ein bisschen netter haben will und man etwas vernünftiger geworden ist, muss man ja nicht gleich auf alles, was Spaß macht, verzichten, ne?

Deswegen sind wir ja auch genau hierher gezogen. Du, das ist wirklich die total angesagte Gegend. Ich meine, weißte noch, wie wir früher hier schon um die Häuser gezogen sind? Ja, nach der Wende, meine Herrn, da ging's ja auch echt hoch her hier. Ist schon irgendwie cool, ich meine, klar, man wird ja auch ruhiger, aber uns war das trotzdem total wichtig, dass wir hier geblieben sind. – Ja, okay, dass wir jetzt halt hergezogen sind. – Nee, früher hätte ich hier auch wirklich nicht wohnen wollen, weißte noch Gerhard damals in seiner Wohnung, mit diesem Außenklo auf halber Treppe? Boah ey, arschkalt war das im Winter, und dann diese komische Fertigdusche in der Küche, und Telefon gab's natürlich auch nicht, und die Kohleheizung erst! Große Güte, das glaubt einem heute ja keiner mehr. Das ist ja schon toll, was sich seither so alles getan hat, ich meine, wir sind hier keine zwei Blocks von Gerhards alter Wohnung entfernt, und wir haben hier ein marmorgefliestes Bad mit Whirlpool und eben Zentralheizung. Mit Nachtabsenkung. Und Partyknopf.

Ja, und wir sind trotzdem noch mittendrin. Hier sind wirklich die angesagtesten Läden der Stadt, hier ist voll die Szene, ich bin ja so froh, dass wir uns dafür entschieden haben. Ich meine, hier musst du abends nur vor die Tür gehen, und du bist voll dabei.

– Na ja, stimmt schon, so oft gehen wir abends eigentlich gar nicht mehr raus, das war früher natürlich schon was anderes. Boah, wenn ich an diese unendlichen Nachtbusfahrten damals denke, Wahnsinn. Was hat man da nicht alles gemacht, ey. Gibt's die eigentlich noch, diese Nachtbusse? Oder fährt die U-Bahn inzwischen durch nachts? Hab da mal so was gehört. – Ach, nur am Wochenende? Na ja, unter der Woche sind wir ja eh nicht mehr unterwegs, das ist mir echt zu anstrengend jetzt, wir müssen ja auch immer früh raus, und mal im Ernst, wenn ich dann abends zu Hause bin, dann bin ich auch ganz froh, wenn man mal die Füße hochlegen und ein bisschen Fernsehen gucken kann. Da, voll mit Dolby Surround und allem, das ist schon cool.

Nee, ich bin wirklich froh, dass wir das hier gemacht haben. Ich meine, okay, irgendwas ist ja immer. Ist auch nicht alles Gold, was glänzt. Was schon ein bisschen nervt, ist der Krach hier nachts. Früher war mir so was ja egal, aber jetzt, wo ich selbst früh raus muss, das kann einen schon echt annerven. Lärmschutzfenster hin oder her. Gerade im Sommer, da will man ja schon auch die Fenster aufhaben nachts, da kriegst du hier echt 'nen Rappel. Du machst dir keine Vorstellungen, was die für einen Lärm machen da unten. Vor allem da drüben, dieses abgefuckte Haus. – Ja, das sieht echt noch original aus wie die Läden damals. – Ja, schon auch ganz schön, dass es so was noch gibt. Sollte aber eigentlich schon lang saniert werden. – Na ja, da gibt's ständig Ärger wegen, da sind so Künstler drin. – Ja, eigentlich ganz cool, logo, eigentlich ganz sympathisch. Aber jede Nacht! Die machen da echt jede Nacht Radau. Die machen im Sommer bei schönem Wetter sogar Lagerfeuer da im Hof, und dann sitzen die da alle bis in den frühen Morgen rum. Du glaubst ja gar nicht, wie das hier hoch schallt! Und der Gestank vom Rauch! – Nein, natürlich, ich hab da schon auch Verständnis für, klar, war bei uns früher ja auch so, aber ich muss halt morgens früh raus, weißte, ich meine, die haben anscheinend halt alle keinen Job oder so, wasweißich, geht mich ja auch nichts an, aber dieser Krach, das ist schon scheiße. Ich meine, wenn das *mal* am Wochenende wäre, da hätte man ja Verständnis, wir haben ja auch ordentlich gefeiert damals, klar, aber die haben halt einfach nix zu tun, die hängen da jede Nacht ab. Und du glaubst es echt nicht, die

Bullen helfen einem da auch nicht wirklich. Die gucken da ab und zu mal vorbei und wedeln ein bisschen mit dem Zeigefinger rum, aber das war's dann auch. Können nichts machen, wenn die da einfach nur sitzen und quatschen, haben sie mir gesagt. Aber die brüllen doch ständig rum, habe ich gesagt, da kann doch kein Mensch bei schlafen, und wir müssen halt früh raus! Aber die haben nur mit den Schultern gezuckt. Du machst dir echt keine Vorstellungen, die Bullen machen einfach, was sie wollen, die reinste Willkür! Wie früher, bei den Demos! Voll die Arschlöcher. Die haben mir sogar irgendwann nahegelegt, nicht mehr anzurufen, und haben irgendwas von Rechtsmissbrauch oder so 'nem Scheiß gefaselt. Ist halt immer noch voll das Schweinesystem, einige Dinge ändern sich einfach nie. – Na ja, wir haben ja jetzt diese Anwohnerinitiative, das sieht eigentlich ganz gut aus, da sitzen auch ein paar Leute an den richtigen Stellen im Apparat, ohne das kommste ja echt nicht weiter heutzutage, ohne Vitamin B geht da gar nichts, das ist schon echt ein Scheiß, immer noch. Na ja, aber wir haben jetzt die neuen Pläne für die Wohnumfeldgestaltung hier, und dann ist da hoffentlich bald Schluss mit diesem Pennerhaus da hinten. – Ja, sorry, war nicht so gemeint. Sind wahrscheinlich schon auch irgendwie ganz in Ordnung die Typen, wasweißich. Wir wollen ja alle nur leben, klar.

Na ja, wie dem auch sei, schön dass ihr es endlich mal geschafft habt. Ist jetzt leider schon 'n bisschen spät, und morgen müssen wir wieder fit sein, kennst das ja sicher. – Ach, du machst immer noch dieses ... na ja, also immer noch das so. Na ja, aber wirste schon sehen, wenn du auch mal 'n Job hast, das schlaucht schon total. Aber super, dass ihr mal vorbei gekommen seid. Müssen wir echt demnächst mal wiederholen, und dann gehen wir mal schön zusammen raus hier, wie gesagt, voll die coolen Läden hier, wollt ich immer schon mal machen, die mir mal angucken. Dann ziehen wir mal wieder so um die Häuser wie früher, wenn ich mal nicht arbeiten muss am nächsten Tag. – Klar, das machen wir. – Ach ja, und so 'ne Einweihungsparty wollten wir natürlich auch noch mal machen, man kommt ja echt zu nichts, aber das wär schon super, mit den ganzen alten Kumpels, ja, das machen wir, so nach Weihnachten, denk ich, vorher kriegen wir's echt nicht hin. Ja, so richtig wie früher, mit 'nem Kasten Bier hinstellen und ... – klar, rauchen, ja, wir haben ja auch die Dachterrasse, da kann man auch rauchen, klar. Und dann kann ich auch endlich mal diese Partyfunktion bei der Heizung einschalten, mal gucken, ob das klappt. Ist ja schließlich alles bezahlt, das will man dann ja schon auch mal probieren.

Ja, danke, tschüss, macht's gut.

der gentrifizierungsprozess

volker surmann

I. Die Vorgeschichte (2005)

Vor ein paar Jahren habe ich etwas gemacht, das sich noch rächen sollte; über das man auch gewöhnlich lieber schweigt: eine Erbschaft. In einer Höhe, dass man sagt: »........ – Upfh!«, aber leider nicht so hoch, dass ich den Rest meines Lebens von den Zinsen hätte leben können. Es war ein Betrag, dessen Existenz ich aus purer Ratlosigkeit erst mal ignorierte. Doch irgendwann brummelte der gelernte Westfale in mir: »Anlegen, min Jung, du musst es anlegen! Für schlechte Zeiten!«

Dieser gelernte Westfale war es wohl, der dann samstags die Morgenpost anschleppte und mir auf den Frühstückstisch legte. Der gelernte Linke in mir warf die Springer-Seiten ins Altpapier, der Westfale beugte sich über den Immobilienteil und murmelte: »Ist Mietezahlen etwa fortschrittlich?« Ich musste an meinen Vermieter denken und dachte: »Na ja«.

Der gelernte Linke schielte daraufhin dem Westfalen über die Schulter, und gemeinsam machten sie dann Kringel um Anzeigen mit günstigen Eigentumswohnungen. Ich glaube, es war der gelernte Linke, der zuerst zum Hörer griff.

Bald war mir klar: Mit der Überlegung, mir Eigentumswohnungen anzuschauen, war ich eindeutig auf die Arschlochseite des Universums gewechselt. Mit dem ersten Anruf bei einer dieser Projekt- oder Vertriebsgesellschaften namens »VGG Immo-

hai Bau KG«, »QVC Projektgesellschaft Mainzerstraße« (Berlin/
Tuttlingen/Honduras), »TKKG Friedrichshain mbH« hatte ich
mich in eine Art Matrix für Makler eingewählt, und auch in dieser Matrix waren die Anzugträger die Bösen.

Das sah dann so aus: An der Simon-Dach-Straße in Friedrichshain kam einer dieser Anzugträger auf mich zu, stellte
sich vor als »Herr Schmidt« und musterte mich mit durchdrin-
gendem Blick. Okay, das war's dann. Ich sah eindeutig nicht
wie ein Immobilieninteressent aus. Doch dann nickte er: »Das
wird hier ein Zentrum urbanen Livings für junge Kreative, vorwiegend aus der Medienbranche. Genau das Richtige für Sie«,
klärte er mich auf. Vielleicht sollte ich mir doch mal Gedanken
um mein Outfit machen. »MTV, Universal. Sie müssen wissen,
Friedrichshain ist der aufstrebende Trendbezirk mit hervorra-
genden Renditeraten.«

»Ich will aber gar keine Wohnung zum Renditeraten. Ich will
eine Wohnung zum Drin-Wohnen.« Herr Schmidt schaute mich
äußerst irritiert an. Dann führte er mich durch einen leer geräumten Altbaublock. Die meisten Türen waren derart vernagelt,
als unterhielte die CIA dahinter ihre damaligen osteuropäischen
Geheimgefängnisse. 2005, da war Friedrichshain ja noch Osteuropa.

»Wir hatten hier Probleme mit Punkern und Hausbesetzern«,
erläuterte Herr Schmidt, »aber die haben wir jetzt in den Griff
gekriegt.« Ja, wahrscheinlich eingesperrt und zugenagelt, dann
musste man später nur noch die Knochen rausfegen. Zwei oder
drei Wohnungen waren noch bewohnt, Kinderwagen und Fahr-
räder standen davor. Zettel an den Türen verkündeten in trot-
ziger Eddingschrift: »Diese Wohnung steht für Besichtigungen
nicht zur Verfügung! Hier leben noch Menschen!« »Menschen«
unterstrichen.

»Keine Sorge, bis zum Abschluss der Baumaßnahmen werden die auch noch frei«, deutete Herr Schmidt angewidert auf

die Schilder und machte ein Gesicht wie Cäsar in den Asterix-Comics, wenn er das Wort »Gallier« hörte.

Die Musterwohnung im Haus war unspektakulär: »Die Grundrisse sind alle ähnlich, Fliesen und Fußböden werden in allen vierzig Wohnungen gleich«. – Na, da werden sich die jungen Kreativen aber freuen! »Ansonsten könnten wir den Preis nicht halten«. Der Preis war aber auch so nicht zu halten. Wer diesen Preis zu halten versucht hätte, wäre damit sofort umgekippt. Aber die jungen Kreativen schienen es ja zu haben. Ich war zwar jung und kreativ, aber ich wollte nur eine Wohnung, ich wollte nicht MTV gleich mitkaufen müssen.

Im Innenhof blickte ich auf zwei alte, sehr knorrige Rotdornbäume: windschief – ein Rätsel, wieso. Im Hinterhof wehte kein Wind, aber vermutlich wurde der Block vor hundert Jahren einfach um sie herumgebaut. Die Bäume blühten und sahen verwunschen und hübsch aus. »Der Innenhof wird ganz modern«, sagte Herr Schmidt und deutete auf die urigen Gewächse. »Da kann man den Altbau dann nur noch erahnen. Das wird alles neu gestaltet, mit Gartenteich, im Stil eines japanischen Bambusgartens.« Klar, ein japanischer Bambusgarten für Friedrichshain. Damit sich die jungen Kreativen ihr Sushi direkt aus dem Gartenteich ziehen können. Wahrscheinlich wurden die Wohnungen auch nur mit integriertem Wok verkauft. Ich beschloss, ganz schnell zu altern, um nicht mehr jung und kreativ zu sein.

Vor dem Haus gab mir Herr Schmidt flüchtig die Hand und faltete sich in seinen schwarzen Smart. Ich kehrte noch einmal zurück in den Altbau zu den Türen der Gallierwohnungen: »Esst kein Sushi!«, schrieb ich drauf.

Etwa zwanzig Herren Schmidts später hatte ich eine Wohnung gefunden. Die Maklerin hieß Frau Bollerke und war auch so. Ich blieb meinem Kiez treu und in einem seinerzeit eher vergessenen Winkel Friedrichshains wohnen. Über »Gentrifizierung« sprach in Berlin noch niemand.

II. Sieben Jahre später

Sebastian Lehmann und ich sprechen über Gentrifizierung. Wir sitzen im *SpätzleExpress* und besprechen die Endauswahl für unser Buch. Dieser alteingesessene Kreuzberger Imbiss war auch schon mal Opfer von Gentrifizierungsgegnern. Wir wollen ein Zeichen setzen! Aber eigentlich hatte Sebastian nur Hunger auf Maultaschen.

Plötzlich fliegen Glasscherben in meine Käsespätzle. Ein lautes Klirren. Ein Pflasterstein ditscht in Sebastians Maultaschen und von da auf den Fußboden.

»Nicht schon wieder!«, stöhnt der Wirt hinter dem Tresen und geht in Deckung.

»Die ess ich jetzt nicht mehr«, sagt Sebastian und schiebt den Teller weg. »Wer weiß, wer den Stein schon alles angefasst hat!«

In diesem Moment stürmen mehrere schwarzvermummte Gestalten den Laden. Ich springe auf. Das hätte ich besser nicht tun sollen. Etwas explodiert in meinem Hinterkopf. Offenbar habe ich mich in die Flugbahn eines Pflastersteins auf dem Weg zu Sebastians Maultauschen hineingeworfen und seine Teigware heldenhaft vor einem weiteren Meteoriteneinschlag bewahrt. Das ist mein letzter Gedanke. Der Stein war hart, aber ich lande weich in meinen Käsespätzle. Mir wird schwarz vor Augen.

III. Irgendwann später

Ich wache auf. Mein Kopf klingelt. Ich habe Kopfschmerzen und eine fette Beule. Und ein seltsam fettiges Gesicht.

»Aua!«, sage ich.

»Ah, du bist wach«, sagt eine Stimme.

»Wo bin ich?«, stöhne ich.

»Im voll alternativ besetzten Hausprojekt Pelzigstraße 14«, sagt die Stimme.

»Und wer bin ich?«

»Weißt du das nicht selbst?«, fragt die Stimme.

Gute Frage. Auf die Idee bin ich noch gar nicht gekommen vor lauter Kopfschmerzen. Ich frage mich selbst: »Du ich, sag mal, weiß ich, wer ich bin?« Ich lasse die Frage einen Moment in meinem wunden Haupt kreisen, bei jeder Runde rollt sie dabei einmal über die Schmerzleitung zum Hinterkopf. Die Beule pocht dazu rhythmisch. Daher rate ich lieber. Der erste Name, der mir einfällt, ist Peter Ramsauer.

Die Stimme klingt ernsthaft erschrocken: »Oha, hat ganz schön weh getan, was? Aber du bist nah dran, du ... *Gentrifizierer!*«

Ich glaube, ich war irgendwas mit schwul und Berlin: »Klaus Wowereit? Ades Zabel? Udo Waltz?«

»Mann, Volker, streng dich an!«, sagt die Stimme. »So schwer ist es nicht.«

»Bin ich Volker Surmann?«

»Richtig!«, die Stimme freut sich. Tatsächlich komme ich mir sogar etwas bekannt vor.

»Und wer bist *du*?«

»Ich bin der Pockel. Ich pass auf dich auf.«

Mir fällt etwas ein: »Was habt ihr mit Sebastian Lehmann gemacht?«

»Den haben wir zurück nach Schwaben geschickt!«

»Aber der ist aus Baden!«

»Das ist doch alles das Gleiche.«

»Würdest du das auch sagen, wenn Sebastian Palästinenser wäre, der nach Israel abgeschoben wurde?«

Pockel wirkt ernsthaft verunsichert: »Aber ... was hat er dann in einem schwäbischen Imbiss gemacht?«

»Na ja, multikulti, Berlin, verstehste? Sebastian ist halt tolerant.«

Pockel atmet auf: »Na, dann wird er ja auch in Schwaben zurechtkommen.«

»Und was ist mit mir?«, frage ich. »Wohne ich hier?«

»Bis auf Weiteres. Wir haben dich entführt, um dich für die Gentrifizierung zur Verantwortung zu ziehen. Wir machen mit dir gleich kurzen Prozess!«, sagt Pockel.

»Ich verlange aber einen fairen Prozess!«

Ich schaue mich um. Ich liege auf einer etwas fleckigen Matratze in einem ebenso fleckigen Zimmer. »Wo wohne ich denn eigentlich?«, frage ich meine Amnesie. Sie antwortet: »In einer Eigentumswohnung im Friedrichshain.«

Verdammt. Das hätte meine Amnesie ruhig für sich behalten können.

IV. *Bald darauf*

Mir ist schwarz vor Augen. Das kann damit zusammenhängen, dass der Gerichtssaal schwarz gestrichen ist. Es riecht nach abgestandenem Rauch, schalem Bier und nassem Hund. Unter einem aufgesprayten, schwarzroten Stern sitzt ein Autonomer und erhebt feierlich die Stimme: »Wir eröffnen den Prozess gegen den Volker. Ich bin der vorsitzende Richter Hubert Schwarz. Ich leite diesen Gentrifizierungsprozess. Das Urteil wird nachher auf dem Hausplenum ausdiskutiert. Mitdiskutieren dürfen alle, die hier wohnen.«

Ich frage nach: »Also ich auch?«

»Bin gestern Abend eingezogen ... worden. Ich hab schon eine Nacht hier geschlafen!«

Pockel meldet sich zu Wort: »Das stimmt nicht! Er hat hier nicht geschlafen, sondern war bewusstlos!«

»Beginnen wir mit der Feststellung der Personalien: Du bist der Volker, bist Autor, machst bei einer Lesebühne mit und hast einen Verlag. Ist das richtig?«

»Ja«, sage ich.

»Künstler!«, ruft jemand im Saal aufgebracht. »Er macht etwas mit Medien!«, schreit eine Frau. »Ich hab's doch gleich gewusst! Gentrifizierer!« Die Umsitzenden, offenbar die ganze Hausgemeinschaft, stimmen ein: »Gentrifizierer! Gentrifizierer! Gentrifizierer!« Einige Hunde bellen entrüstet. Es braucht eine Weile, bis Hubert Schwarz den Saal wieder beruhigt hat. »Ruhe im Gerichtssaal!«, brüllt er und schlägt dabei immer wieder mit einem Löffel rhythmisch an seine Bong.

»Und du wohnst im Friedrichshain.«

»Hört hört!«, schreit jemand mit sehr viel Häme.

»Aber meine Lesebühne ist im Wedding!«, versuche ich mich zu verteidigen.

»So so! Reicht es dir also nicht, den Friedrichshain gentrifiziert zu haben? Jetzt auch noch den Wedding!?«

»Wir machen das da seit fast zehn Jahren. Der Wedding war aber immer stärker!«

»Wohnst du denn im Friedrichshain wenigstens zur Miete?«

Scheiße. Jetzt haben Sie mich. »Äh«, sage ich kleinlaut. Geraune im Gerichtssaal. Ich fahre fort: »In einer Eigentumswohnung.« Nun wieder Tumult. Eine leere Bierdose zischt an meinen Ohren vorbei. »Gentrifizierer! Gentrifizierer!«, skandiert die Hausgemeinschaft, einer hat eine Flüstertüte. Dummerweise sitzt er direkt neben mir.

»Aber«, hebe ich an, »ich wohn da selbst drin! Ich geb mein Geld doch nicht irgendwelchen Vermietern!« Das Wort »Vermieter« spucke ich quasi aus. Dadurch hoffe ich, die Meute zu beeindrucken.

»Dadurch nimmst du aber Wohnraum vom Markt!«

»Äh, aber wenn ich die Wohnung gemietet hätte, wäre sie doch auch vom Markt.«

Geraune. Einige denken nach. Ich habe keine Ahnung, ob ich gerade ein Argument gebracht habe. Egal, ich habe sie zumindest erfolgreich verwirrt.

»Und ich habe sie nicht luxussaniert!« Verzweifelt suche ich nach mildernden Umständen: »Mit Helfern aus der queeren Communitiy. Meine Klempnerin war lesbisch, mein Fliesenleger schwul, und der Elektriker war ein Transgender!«

»Transgender?«, eine Frau wird hellhörig.

»Frau zu Mann, offenbar post-OP. Jedenfalls war es kein Problem für ihn, ins Waschbecken zu pinkeln, als die Kloschüssel noch nicht angeschlossen war.«

»Und du selbst bist homosexuell«, stellt der vorsitzende Autonome fest. »Dir ist schon klar, dass zur Vermarktung von Stadtquartieren auch Dinge herangezogen werden wie ein ›gay-index‹?«

»Das ist ja noch schöner! Schwule landen wieder auf dem Index!«

Empörung im Gerichtssaal. Super, bald habe ich sie auf meiner Seite!

»Aber warst du selbst nicht sogar mal mit einem Schwaben zusammen?« Plötzlich starren mich alle angewidert an. Verdammt, woher wissen die das?

»Wir haben da so unsere Quellen«, sagt Hubert Schwarz. »Wir sammeln ständig Informationen über uns bekannte Gentrifizierer!«

»Aber das ist doch lange her, und es war eine Fernbeziehung! Er war Schwabe, wo in Dresden wohnte.«

»Einspruch abgelehnt«, stellt der vorsitzende Richter fest und macht sich eine Notiz auf einem Bierdeckel. »Gentrifizierung ist überall.« Dann fährt er fort: »Und wie ist das in deinem Haus? Was ist denn da sonst noch so drin?«

»Na ja, unten ist so 'ne Muffinmanufaktur ...« Schlagartig wird es totenstill im Raum.

»Muffin ... man-mu-*faktur* ...«, wiederholt Hubert Schwarz bemüht, dann prustet er los. Der ganze Saal kippt um in ausgelassenes Gelächter. »Muffinmanufaktur! ... Er hat *Muffinmanufaktur* gesagt!« Gacker, kreisch! Ausgelassene Punks werfen Bierflaschen und junge Hunde durch die Luft. »Gleich kommt er uns noch mit Bagel und Rucola!«

Verdammt, das war 'ne Fangfrage. Dabei ist der Muffinladen nur 'ne kleine Klitsche von einer Frau, die hauptsächlich Quarkkeulchen für Wochen- und Jahrmärkte produziert. Eine nette Polin, Mitte fünfzig. Moment! ... *Polin!* Mitte *fünfzig!*

»Ja ja«, rufe ich in das Tohuwabohu hinein, »aber: alte Ostbäckerin!«

Das Gelächter verstummt. Die Punks fangen ihre Bierflaschen wieder auf, kraulen sie am Hals und setzten sich die jungen Hunde an die Kehle. »Ach soooo.«

Uff, gerade noch so gerettet.

»Wer wohnt da sonst noch?«, fragt mich der vorsitzende Richterhubert.

Ich überlege. Sollte ich von dem schwulen Paar unter mir berichten, zugezogen aus Köln? Die junge Familie über mir wohnt noch zur Miete. Aber sie ist Lehrerin, er Schwede, und sie haben zwei bilingual aufwachsende Kinder. Kinder! Also Gentrifizierung total. Unten steht sogar manchmal ein Kinderwagen im Hausflur! Im anderen Flügel gehört eine Wohnung einem Dänen, er nutzt sie als Ferienwohnung. Oha, das darf ich auch niemandem erzählen. Ebenso wenig sollte ich die Yogaschule im Erdgeschoss erwähnen. Auch wenn sie da schon gut zwanzig Jahre residiert. *Yogaschule und Psychotherapie Traudel Panyab*. Die werde ich so schnell nicht als alte DDR-Ostyogaschule verkauft kriegen. Dann fällt mir die alte Frau Farmow ein.

»Die Frau Farmow gibt's noch. Die wohnt da schon ewig«, rufe ich freudig. Dann fällt mir aber noch was ein: »Äh, nee, die Frau Farmow gibt's doch nicht mehr.«

»Ha! Hast du sie also verdrängt!« Alles schaut mich entrüstet an.

»Nein«, sage ich. »Schlaganfall. Und dann tot.«

Hubert Schwarz nickt mitfühlend: »Der Tod ist der schlimmste Gentrifizierer von allen. Ohne den blieben viel mehr Berliner Wohnungen in Händen ihrer alteingesessenen MieterInnen.«

Alle nicken. Dann verurteilen sie den Tod zu lebenslangem Hausverbot in der Pelzig14.

V. April 2014

Auch ich wurde verurteilt. »Schuldig der Gentrifizierung in einem minder schweren Fall«, lautete nach sieben Stunden das im Konsensprinzip ausdiskutierte Urteil des Hausplenums.

Mein Eigentum wurde eingezogen. In meiner Wohnung wohnen jetzt Hubert Schwarz, Pockel, die Nele, die Darma, ein paar Hunde und ich. Pockel und ich teilen uns mein Bett. Wir sind jetzt zusammen. Er trinkt etwas zu viel Bier, pupst oft unter der Bettdecke, und sein Iro färbt immer aufs Kopfkissen ab. Aber eigentlich ist er ganz nett. Wenn er besoffen ist, rollt er immer das »R« so komisch. Die anderen schieben das auf das Bier, aber ich habe erkannt, dass es in Wahrheit ein bayrischer Akzent ist. Das ist unser Geheimnis. Wir haben mittlerweile zwei Schäferhundmischlinge, einer heißt Resi, der andere Traktor. Wir sind glücklich.

Von Sebastian Lehmann habe ich nie wieder etwas gehört. Ich vermute, er hat geheiratet, lebt in einer Doppelhaushälfte in Villingen-Schwenningen und betreibt einen Onlineplatten-laden, was man so macht als Ex-Berliner.

Morgen ist Walpurgisnacht. Wir gehen demonstrieren in den Wedding. Wie jedes Jahr, um gegen die Gentrifizierung zu demonstrieren. Einige von uns haben da schon Häuser besetzt, um sie vor der Aufwertung zu bewahren. Vielleicht entführen wir einen Gentrifizierer, denn unsere Wohnung wird auch bald zu eng sein, Nele und Resi sind schwanger.

kreuzberg

kirsten fuchs

Ich wohne in Kreuzberg aus beständig gewachsener Liebe. Es war nicht Liebe auf den ersten Besuch, und wie das bei Stadtteilen so ist, kam mir Kreuzberg auch keinen Schritt entgegen. Es blieb, wo es ist, und da ist es immer noch.

Ich habe mal gelesen, dass Vernunftehen viel länger halten als Liebesehen, weil die zusammengestellten und erst zur Hochzeit nebeneinander gestellten Partner sich gar nicht erst in Unsinn verrennen. Alle Träume bleiben in Kisten, alle Illusionen in Kästen, alle Wünsche in Kartons und die Luftballons im Kopf. Sie heiraten nicht, weil der Mann so schöne Haare hat und dann ist der Scheidungsgrund, dass die Haare zu Boden fallen. Und sie heiraten nicht, weil die Frau so schöne Brüste hat und dann ist der Scheidungsgrund, dass die Brüste zu Boden fallen. Sie heiraten, weil man jemanden heiraten muss. Ich wohne in Kreuzberg, weil ich ja irgendwo wohnen muss. Ich habe mir davon nichts versprochen, und jetzt lieben wir uns. Ich brauchte eine bewohnbare Wohnung, eine beliegbare Liegewiese, ein Café mit Zigarettenautomat, einen Bäcker, einen Blumenladen, und jetzt lieben wir uns. Ach, Kreuzberg, du fängst mit K an genauso wie ich.

Kreuzberg hat mich nach und nach dazu gebracht zu glauben, dass ich nirgends sonst wohnen könnte, wollte, sollte, aber das glaube ich nur, weil wir uns lieben. Es gibt Unmen-

gen piefiger, popliger Straßen wie die meine-eine, mit Nach-
kriegshäusern in Blöcken, mit Mietern mit Macke und Mie-
ze, mit Modernisierungsversuchen, wenn das alte Braun mit
einem neuen Braun übermalert wird, mit gefledderten Fahr-
radleichen an Straßenlaternen, mit frühmorgendlichen Heim-
gehgesängen, wenn die Kneipe die Kneipengäste unter den
Kneipenstühlen mit dem Kneipenbesen auskehrt. Auch woanders klemmen Kellertüren, auch woanders klebt nach Kurz-
spaziergängen Kacke am Hacken, aber hier in meinem Ehe-
wohnhafen am Urbanhafen, kann ich mit allem rechnen. Ich
rechne mit dem Unberechenbaren und dem Berechenbaren
und komme unterm Strich auf eine hohe Summe.

Hier sind die normalen Menschen eine echte Alternative zu
den Alternativen, die Wege führen irgendwohin, Rom ist weit
weg. Wer keinen Kalender hat, bekommt mit, wenn der erste
Mai ist. Auf den Liegewiesen fallen dir reife Moniermotten in
den Mund und eine Bocciakugel knallt an dein Knie. Der Arzt
will nicht wissen, wie das passiert ist.

Überall könnte es schön sein, aber es ist da schön, wo ich
bin, weil ich da bin. Ganz logisch, ganz arrogant, ganz einfach.
Da ich in Kreuzberg wohne, ist es erst mal hier schön. Ich
finde nicht mal, dass Kreuzberg cool ist, weil es nicht cool ist
und darum wieder cool ist. Hoffentlich ist das nicht so. Dann
kommen die Mittefratzen her, weil sie die Stuttgartfratzen
satt haben, und es beginnt eine Völkerwanderung: die Fran-
ken verdrängen die Ostgoten, die Schwaben die Ostberliner,
die Ostberliner die Westberliner ... bis am Ende ein Imperium
zusammenbricht. Bleibt doch einfach alle da, wo ihr seid. Ich
bleibe doch auch hier! Liebe ist zu bleiben, hier zu bleiben,
blöd zu bleiben, engstirnig zu werden, prima.

Ich mag es außerdem, dass meine sächsische Verwandt-
schaft schockiert ist, wenn ich ihnen sage, dass ich in Kreuzberg wohne. Sie mustern mich, als hätte ich einen perversen

Rocker mit zu Uromas Geburtstag geschleppt: einen mit Schlangenschlagringen, mit Lederhose mit Fransen aus Rosshaar, mit einem Motorrad aus Dönern.

Da sage ich dann stolz: »Mit dem wohne ich zusammen!«

Berliner kann man mit Kreuzberg nicht erschrecken. Sie wissen, dass er ein gealterter fauler Sitzsack mit Sozialhilfe ist. Der pöbelt noch nach der alten Schule. Der ist harmlos, der tut nix, der will nicht mal mehr spielen. Der will im Stehen pullern und im Stehen sein Bier trinken und im Liegen schlafen.

»Aber ...«, stammeln die Verwandten, »aber sind in Kreuzberg nicht die Nächte so furchtbar lang?«

»Ja«, sage ich. »Da kann ich viel länger schlafen.«

»Und sind die Türken nicht ...?«

»Was sind die Türken nicht ...?«

»Ähm ... da?«

»Ja, die sind da!«

Ich höre trotzdem seltener als einmal im Monat den Satz »Isch mach disch Messer!« Nicht öfter, und das ist nicht oft, und es sind immer Deutsche, die das sagen. Hihi, lustig. Ich habe den Satz nur einmal von einem Türken gehört, und da hat es ein Dönerverkäufer zu dem Dönerkegel gesagt und gezwinkert. »Isch mach disch Messer.« Hihi, das war wirklich lustig. Dann hat mir der Türke gesagt, dass er aus dem Libanon komme und Christ sei und sein Hund »Allah« heiße. Das ist in Kreuzberg eine mutige Idee. »Sitz Allah! Sitz!« Der Dönerverkäufer sagt, das sei sein Fitnessprogramm. Er könne schnell rennen, und wenn die Moslems ihn doch erwischten, hetze er Allah auf sie.

»Mit Soße?«

Ich liebe Kreuzberg.

die autorinnen und autoren
sowie bibliografische notizen

Ahne, Schriftsteller und Hobbyschläfer aus Berlin, tritt jeden Sonntag bei der »Reformbühne Heim & Welt« im *Kaffee Burger* auf. Zuletzt erschienen: »Wieder kein Roman, neue Texte und Strichzeichnungen« (Voland & Quist: 2012). www.ahne-international.de

Tilman Birr ist zweiunddreißig. Er sitzt und spricht. Seine Lesebühne in Frankfurt am Main heißt »Die Lesebühne Ihres Vertrauens«. Sein Buch heißt »On se left you see se Siegessäule«. Sein Pferd heißt Horst. Er wohnt in Berlin. www.tilmanbirr.de

Klaus Bittermann, geboren 1952 in Kulmbach, ist Autor, Kolumnist und Verleger aus Berlin. www.edition-tiamat.de
»Das Gesicht der Gentrifizierung« © Verlag Klaus Bittermann

Bov Bjerg, geboren in Deutsch-Südwest, lebt in Berlin-Nordost und im Internet (alle Himmelsrichtungen): www.bjerg.de.
Eine frühere Version des hier veröffentlichten Beitrags erschien in: Moritz Kienast (Hrsg.), »I hate Berlin« (Lübbe Verlag: 2011).

Thilo Bock wohnt seit seiner Geburt 1973 in Berlin. Er zieht nicht gerne um, zuletzt vor fünfzehn Jahren. Abends liest und singt er für Publikum. Sein zweiter Roman »Senatsreserve« erschien 2011 bei der Frankfurter Verlagsanstalt. www.thilo-bock.de

Bumillo geht gern ohne Sonnenbrille spazieren. Neben seinen diversen Bühnenprojekten arbeitet er momentan mit dem DJ und Produzenten Dammerl zusammen, um seine Spoken-Word-Poesie endlich mit Musik zu untermalen. Mehr dazu auf bumillo.com

Julius Fischer, geboren 1984, lebt und schreibt in Leipzig. Arbeitet auf jeder Bühne, die ihn lässt. Er studierte und ist vergeben. Relevante Nobelpreise: Keine. Alles Weitere unter: www.juliusfischer.de oder im Internet.

Leo Fischer kam 1981 auf die Welt und hat es seither jeden Tag bereut. Seit 2008 ist er Chefredakteur des Satiremagazins *Titanic*. Der CSU-Abgeordnete Thomas Goppel wollte ihm die »Lizenz zum Schreiben« entziehen; Papst Benedikt XVI. verklagte ihn. Sein erstes Buch, »Generation Gefällt mir« (2012) ist eine schonungslose Abrechnung mit seiner Generation, sich selbst und überhaupt allem.

Kirsten Fuchs wurde 1977 in Karl-Marx-Stadt geboren, ist aufgewachsen in Berlin und lebt da als Autorin. www.kirsten-fuchs.de

Martin »Gotti« Gottschild lebt. Ganztägig. Das Atmen macht ihm Spaß. Er war schon mal DDR-Meister im Bogenschießen, Abiturient, Musikalienhändler, berühmt, Garderobenfrau und ein gefürchteter Klingelton. Im Spätsommer 2003 schreibt er seine erste heitere Kurzgeschichte, weil er zwar gerne lacht, aber eben nicht so lange. Ein Jahr später erfindet er »Tiere streicheln Menschen« – die Actionlesung. Seine Bücher »Die Schwarte Mamba« und »Der Schatz im Silberblick« erschienen bei LOOB.

Uli Hannemann, geboren 1965 in Braunschweig, lebt in Berlin. Mitglied der Berliner Lesebühnen »Reformbühne Heim & Welt« sowie »LSD – Liebe statt Drogen«. Jüngste Veröffentlichung: »Neukölln, mon amour« (Ullstein, 2011), dem im Herbst 2012 »Wenn der Kuchen schweigt, sprechen die Krümel« (Ullstein) folgen wird. Bei Satyr erschien »Hähnchen leider« (2005; überarbeitete Neuauflage 2010).

André Herrmann, studierter Politikwissenschaftler, Gründungsmitglied der Leipziger Lesebühne »Schkeuditzer Kreuz« und Teil des legendären »Team Totale Zerstörung«. Viele Slamsiege, einige Veröffentlichungen, ein Preis, kein Buch. www.andreherrmann.de

Wolf Hogekamp lebt als Poet in Berlin-Kreuzberg. Seit 1994 veranstaltet er regelmäßig Poetry Slams in Berlin und ist damit ein Pionier der deutschen Poetry-Slam-Szene. Er ist Mitbegründer der Berliner Slam- und Lesebühne »Spree vom Weizen«.
www.klotzen.wordpress.com

Jess Jochimsen lebt als Autor, Kabarettist und Fotograf in Freiburg. www.jessjochimsen.de
Der Text findet sich in veränderter Form in: Jess Jochimsen, »Was sollen die Leute denken« (München: 2011). Mit freundlicher Genehmigung von dtv. Der norwegische »Schriftsteller [...], der nur Kurzgeschichten schreibt«, ist Kjell Askildsen; zitiert nach: Askildsen, »Ein schöner Ort« (München, Sammlung Luchterhand: 2009).

Marc-Uwe Kling schreibt Geschichten und Lieder und hat eine Website: www.marcuwekling.de
»Die Party« wurde aus seinem Buch »Die Känguru-Chroniken. Ansichten eines vorlauten Beuteltiers« entnommen (© 2009 Ullstein-Buchverlage GmbH, Berlin).

Frank Klötgen widersetzt sich standhaft dem Friedrichshainer Degentrifizierungsdruck mittels Kauf überteuerten Schuhwerks. Finanziert dies über Buchverkäufe auf www.hirnpoma.de

Insa Kohler findet: Wenn man nur Flausen im Kopf hat, liegen die Gedanken viel bequemer. Sie ist 1986 im norddeutschen Flachland geboren und hat lange nicht aufgehört zu wachsen. Momentan lebt, schreibt und slammt sie in Berlin.

Tobias Kunze, geboren 1981, ist Performance-Poet, Rapper, Autor, Moderator und Veranstalter. Er war neben Deutschland schon lesend in Paris, Reims, Luxemburg, Bozen, Tallinn, Tartu, Straßburg, Basel und Wien unterwegs. In Hannover ist er bekannt als Teil der Lesebühne »Nachtbarden« (im TAK) sowie der Rap-Band *Big Tune*.

Sebastian Lehmann, 1982 in Freiburg geboren, lebt seit 2003 in Berlin. Er ist Mitglied der Kreuzberger Lesebühne »Lesedüne«, tritt bei Poetry Slams in ganz Deutschland auf und moderiert den »Kreuzberg Slam«. 2011 erschien bei Satyr sein Episodenroman »Sebastian. Oder: Das Leben ist nur ein Schluck aus der Flasche der Geschichte«. www.sebastian-lehmann.blogspot.com

Maik Martschinkowsky gentrifiziert seit 2003 Berlin und wird derzeit aus seiner Wohnung vertrieben. www.leseduene.de

Dan Richter ist ein Berliner Autor und Improvisationskünstler. www.danrichter.de

Michael Sailer, geboren 1963, ist Autor und Musiker aus München. Er liest bei der Lesebühne »Schwabinger Schaumschläger« und schreibt u.a. die Kolumnen »Belästigungen« im Stadtmagazin *In München* und »Schwabinger Krawall« in der *taz*.

Patrick Salmen ist Lyrik- und Prosaautor, Bühnenliterat und Kabarettist. 2010 wurde er deutschsprachiger Meister im Poetry Slam. Er lebt und arbeitet in Wuppertal. Zuletzt erschien von ihm »Tabakblätter und Fallschirmspringer« (Lektora, Paderborn: 2012), aus dem auch sein Beitrag »Der Bahnhof« entnommen ist.

Sebastian 23 wurde von Erdmännchen großgezogen (immerhin 1,86 Meter!). Inzwischen ist der feine Herr weltweit als Poetry Slammer unterwegs, aber manchmal stellt er sich immer noch auf Hügel und hält nach Adlern Ausschau.

Xóchil A. Schütz, geboren 1975, ist Autorin und Slam-Poetin. Sie veröffentlichte u.a. Gedichte, Kurzgeschichten, ein Hörspiel sowie einen Roman. Mehr Infos unter www.xochillen.de

Sven Stickling ist Autor, Schauspieler, Moderator und Poetry Slammer aus Bielefeld. Er kam Anfang der Achtziger im Herzen Ostwestfalens zur Welt und leidet bis heute darunter. Aus diesem Grund schreibt und slammt er.

Volker Strübing, geboren 1971 in Thüringen, entrückt 2052 in der Nähe von Wuppertal, wohnt in Berlin. Erfinder und Zechkumpan von »Kloß und Spinne«. www.schnipselfriedhof.de

Frank Sorge, geboren 1977 in Berlin. Gentrifizierungsopfer, sein Kurzgeschichtenband »Brunnenstraße 3, Berlin« zu diesem Thema erschien 2011 bei Eichborn. Hobbys: Im Plötzensee baden, Internet. Mehr: www.frank-sorge.de

Volker Surmann lebt seit 2002 als Exilostwestfale in Ostberlin und macht irgendwas Kreatives mit Medien (Bücher schreiben, herausgeben und verlegen, Texte öffentlich vortragen, z.B. bei den »Brauseboys«). Mehr über seine Patchwork-Existenz: www.volkersurmann.de

Udo Tiffert, Jahrgang 1965, ist Lausitzer und Mitglied der »Lesebühne Cottbus« sowie der Lesebühne »Grubenhund« in Görlitz.

Ella Carina Werner schreibt Satiren u.a. für *Titanic, taz* und das *Missy Magazine*, ist Mitherausgeberin von *EXOT. Zeitschrift für komische Literatur* sowie Mitbegründerin des Hamburger »Diary Slam«. 2012 erschien ihr Buch »Die mit dem bauch tanzt« bei Ullstein.

Heiko Werning, geboren in Münster, liest bei der »Reformbühne Heim und Welt« sowie den »Brauseboys«. Er lebt in Berlin-Wedding, also praktisch im Auge des Gentrifizierungssturms. Er hat sogar schon mal Sushi gegessen.

Weitere Satyr-Anthologien informieren über fleischlose Ernährung, Pubertät, Gott und Sex:

www.satyr-verlag.de